힘내라! 독학 일본어 첫걸음

유세미 지음

다락원

힘내라! 독학 일본어 첫걸음

지은이 유세미
감수 정의상
펴낸이 정규도
펴낸곳 (주)다락원

초판 1쇄 발행 2017년 2월 20일
초판 14쇄 발행 2024년 11월 15일

책임편집 송화록, 손명숙, 임혜련, 김은경, 한누리, 임지인
디자인 땡스북스, 하태호(표지)
삽화 벼리(이태욱), 민효인(표지)
사진 출처 Shutterstock, JNTO

다락원

주소 경기도 파주시 문발로 211
내용문의 (02)736-2031 내선 460~465
구입문의 (02)736-2031 내선 250~252
Fax: (02)732-2037
출판등록 1977년 9월 16일 제406-2008-000007호

Copyright © 2017, 유세미
저자 및 출판사의 허락 없이 이 책의 일부 또는 전부를 무단 복제·전재·발췌 할 수 없습니다.
구입 후 철회는 회사 내규에 부합하는 경우에 가능하므로 구입문의처에 문의하시기 바랍니다.
분실·파손 등에 따른 소비자 피해에 대해서는 공정거래위원회에서 고시한 소비자 분쟁 해결 기준에 따라 보상 가능합니다. 잘못된 책은 바꿔 드립니다.

ISBN 978-89-277-1149-0 18730

http://www.darakwon.co.kr
· 다락원 홈페이지를 방문하시면 상세한 출판 정보와 함께 동영상 강의, MP3 자료 등 다양한 어학 정보를 얻으실 수 있습니다.
· 다락원 홈페이지에서 "힘내라! 독학 일본어 첫걸음"을 검색하시거나 표지의 QR코드를 스캔하시면 동영상 강의와 회화 무비 및 MP3 파일 등 관련자료를 이용하실 수 있습니다.

여는 말

혼자 시작하는 용기 있는 분들을 위하여

요즘은 1인 가구가 많아지면서 혼자 밥 먹는 혼밥족, 홀로 술 마시는 혼술족이 많아지고 있다고 합니다. 일본어는 이러한 나홀로족이 유행하기 훨씬 전부터 독학으로 시작하는 대표적인 외국어로 이름이 나 있습니다. 영어나 중국어 등의 타 언어와 달리 우리말과 단어나 말의 순서, 문장 구조가 비슷한 면이 많아 쉽게 접근할 수 있기 때문입니다.

모국어가 한국어이면서 국적은 미국이고 중국, 스페인 등 여러 나라를 돌아다니며 자라 다국어에 능한 한 학생이, 다섯 번째 언어로 일본어를 배우러 온 적이 있습니다. 다른 언어 1년 반 치의 공부 분량을 두 달 만에 빨리 끝낼 수 있어 좋았고, 신기하다 했습니다. 이것은 그 학생이 특별하거나 유별나게 공부를 열심히 해서라기보다, 모국어가 한국어이기 때문에 가능한 일이었습니다. 그만큼 한국인에게 일본어가 접근하기 쉽고 배우기도 쉽다는 한 예이지요.

배우기 쉬운 만큼 함정도 많습니다. 기초를 정확히 익히지 않으면 한국어 문장에 일본어 단어만 대치하여 끼워 맞추기식 회화를 하게 되는 경우도 많습니다. 실제로 강의실에서 학생들과 공부를 하다 보면 이러한 실수를 발견하는 일이 많습니다. 가볍게 시작할 수는 있지만, 기초를 제대로 쌓지 않으면 점차 일본어도 한국어도 아닌 국적불명의 오류가 많아지고, 중급, 고급으로 더 올라가지 못하고 기초만 무한 반복하게 되는 경우가 태반입니다.

한국어와 단어와 문장 구조가 유사하다는 일본어의 특성을 살리면서 단계적으로 공부하면, 혼자서도 일본어를 빠르고 정확하게 배울 수 있습니다. 본 교재는 이러한 특성을 살려 기초 어휘와 쉬운 문장 구조를 활용하여, 혼자서도 쉽게 일본어의 기초를 탄탄히 쌓을 수 있도록 하였습니다.

외국어를 혼자 시작한다는 것은 자유롭게 공부할 수 있다는 장점이 있지만, 동시에 중간에 쉽게 포기하거나 엉뚱한 방향으로 헤맬 가능성도 큽니다. 중간에 포기하지 않도록, 길을 잃고 방황하지 않도록, 여러분의 새로운 도전에 힘이 되겠습니다. 기초만 제대로 공부하면 일본어만큼 알기 쉽고, 재미있는 언어도 없습니다. 다른 공부와 병행하며, 집안일과 회사 일로 바쁘심에도 홀로 시작하신 당신의 용기와 배짱에 박수를 보내고 싶습니다.
힘내라! 독학 일본어 첫걸음. 시작해 볼까요?

저자 유세미

이 책의 구성과 활용법

〈힘내라! 독학 일본어 첫걸음〉은 다음과 같이 구성됩니다. 어휘 체크부터 문형 체크, 문형 연습, 실전 회화, 연습문제로 이어지는 단계별 학습을 통해 일본어의 기초를 탄탄하게 세워 보세요! 별책부록으로 제공되는 쓰기 노트, 워크북, 미니북, 듣기 자료와 온라인으로 제공되는 동영상 강의, 회화 무비, MP3 음성, 추가 학습 자료의 활용법도 확인하세요!

일본어의 문자와 발음

일본어의 기본이 되는 문자와 발음에 대해 알아봅니다. 히라가나와 가타카나를 행(行)별로 알아보고, 일본어의 발음 구조에 대해 체크합니다. 일상생활에서 많이 사용되는 기본 인사 표현을 그림과 음성을 통해 알아봅니다.

앞으로 배우게 될 학습내용을 알려 줍니다. 스마트폰으로 학습내용 옆의 QR 코드를 찍으면 동영상 강의를 시청할 수 있습니다.

본격적인 학습에 들어가기 전에 앞으로 배우게 될 주요 어휘들을 그림과 함께 체크하세요!

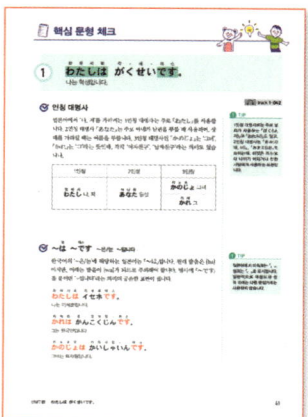
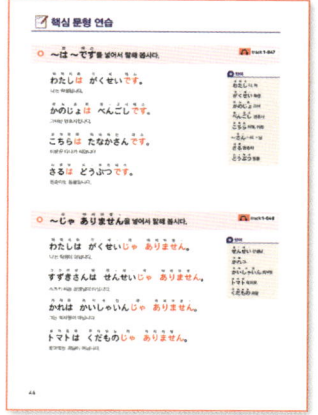

핵심 문형 체크

회화문에 나오는 문장을 통해 핵심 문형에 대해 공부합니다. 함께 알아두면 도움이 되는 유세미 선생님의 tip도 놓치지 마세요.

핵심 문형 연습

핵심 문형을 활용한 여러 예문을 통해 표현에 익숙해지도록 반복적으로 따라 읽으며 연습합니다.

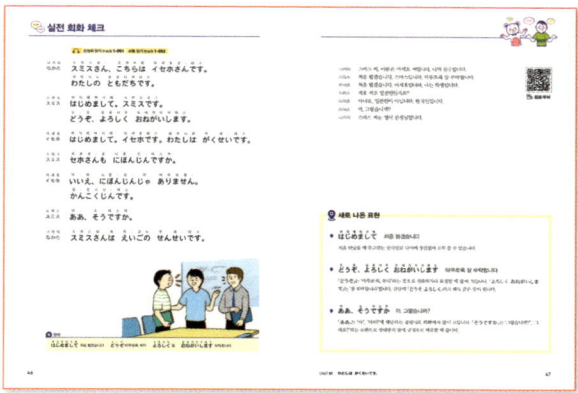

실전 회화 체크

앞에서 공부한 문형과 어휘들을 활용한 회화문을 통해 실전 회화 감각을 익혀 보세요. MP3 음성은 천천히 읽기, 보통 읽기의 2가지 버전으로 제공됩니다. QR 코드를 찍으면 현지 촬영 회화 무비를 시청할 수 있습니다.

연습문제

각 UNIT에서 공부한 내용을 문제를 풀면서 확인해 보세요.

 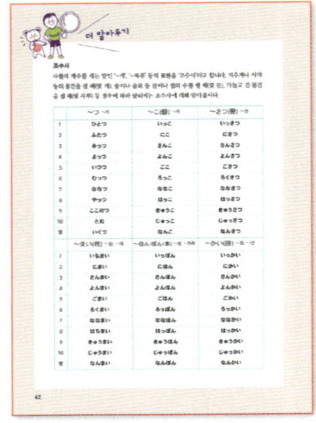 

반말은 어떻게 할까요?
일본어로 반말을 하려면 어떻게 하면 될까요? 다음 학습으로 들어가기 전 가볍게 읽고 넘어가세요.

더 알아두기
더 알아두면 좋은 내용들을 정리하였습니다. 놓치지 말고 야무지게 챙겨 가세요.

일본 문화 이야기
일본 문화에 대한 간략하고 흥미로운 이야기를 실었습니다. 부담 없이 즐겨 주세요.

연습문제 정답과 스크립트
연습문제의 정답과 듣기 문제의 스크립트를 정리하였습니다.

일러두기
1. 일본어의 문자와 발음부터 UNIT 05까지는 한자를 사용하지 않고, 가나 위에 한글로 일본어 발음을 표기하였습니다.
2. UNIT 06부터는 한자를 표기하고 한자 위에 가나로 발음을 표기하였습니다. 한글 독음은 표기하지 않았습니다.
3. 한글 독음에서 일본어의 장음은 "ー"로 표기하였습니다.
4. 한글 독음 표기는 외래어 표기법을 따르지 않고, 일본어 발음 규칙에 따라 최대한 원음에 가깝게 표기하였습니다. 그러나, 일본어 발음을 한글로 완전히 표기하는 것은 불가능하기 때문에, MP3 음성을 통해 정확한 발음을 확인하시기 바랍니다.
5. 일본어의 문장 구조에 대한 이해를 높이기 위해 띄어쓰기를 하였습니다.

별책부록

쓰기 노트+워크북

앞뒤가 다른 듀얼북! 앞면의 쓰기 노트를 통해 일본어의 문자를 익히고, 뒷면의 워크북을 통해 학습내용을 복습합니다. 각 UNIT 별로 본책의 학습이 끝나면 해당 페이지 워크북으로 마무리하세요.

미니북

본책에 나왔던 주요 어휘들과 회화문을 휴대하기 좋은 크기로 정리하였습니다. 일본 여행시에 유용한 어휘와 표현도 함께 실었으니 꼭 활용하세요.

동영상 강의&회화 무비

스마트폰
QR코드 리더기로 각 UNIT의 첫 페이지와 실전 회화 체크에 있는 QR코드를 찍으면 온라인 상의 동영상 강의와 회화 무비를 시청할 수 있습니다. 다락원 모바일 홈페이지나 콜롬북스 어플에서 "힘내라! 독학 일본어 첫걸음"을 검색하면 동영상 강의와 회화 무비를 시청할 수 있습니다.

PC
다락원 홈페이지와 유투브에서 "힘내라! 독학 일본어 첫걸음"을 검색하면 동영상 강의와 회화 무비를 시청할 수 있습니다.

MP3

스마트폰
QR코드 리더기로 표지의 QR코드를 찍으면 다락원 모바일 홈페이지로 이동해 MP3 음성을 듣거나 다운 받을 수 있습니다. 콜롬북스 어플에서도 "힘내라! 독학 일본어 첫걸음"을 검색하면 MP3 음성을 듣거나 다운 받을 수 있습니다.

PC
다락원 홈페이지에서 "힘내라! 독학 일본어 첫걸음"을 검색하면 MP3 음성을 듣거나 다운 받을 수 있습니다.

차례

- 3   여는 말
- 4   이 책의 구성과 활용법
- 8   차례
- 11   학습 스케줄

13   일본어의 문자와 발음

39   UNIT 01   わたしは　がくせいです。
나는 학생입니다.
- ~은/는 ~입니다 ~は ~です
- ~이/가 아닙니다 ~じゃ ありません
- ~입니까? ~ですか
- 인칭대명사
- こちら / そちら / あちら / どちら
- 조사 ~の

51   UNIT 02   なんじですか。
몇 시입니까?
- 수 읽기
- 조수사 ~はい
- 시간 표현
- 요일 읽기
- ~から ~まで

63   UNIT 03   たんじょうびは　きのうでした。
생일은 어제였습니다.
- 달력 읽기
- ~였습니다 ~でした
- ~이/가 아니었습니다 ~じゃ ありませんでした
- これ / それ / あれ / どれ

75   UNIT 04   まじめな　ひとです。
성실한 사람입니다.
- な형용사
- な형용사의 정중형
- な형용사의 부정형
- な형용사의 명사 수식형
- この / その / あの / どの
- 가족 호칭

87
UNIT 05 あの あかい かばん、かわいいですね。
저 빨간 가방, 예쁘네요.
- い형용사
- い형용사의 정중형
- い형용사의 부정형
- い형용사의 명사 수식형
- 가격 묻기
- 큰 수 읽기

99
UNIT 06 海が きれいで、あつい ところです。
바다가 예쁘고 더운 곳입니다.
- な형용사의 연결형
- い형용사의 연결형
- ~을/를 ~합니다 ~が ~です
- 비교하기(질문) ~と ~と どちらが ~ですか
- 비교하기(대답) ~より ~の ほうが ~です

111
UNIT 07 とても 楽しかったです。
굉장히 즐거웠습니다.
- な형용사의 과거형
- な형용사의 과거부정형
- い형용사의 과거형
- い형용사의 과거부정형
- ここ / そこ / あそこ / どこ
- 최상급 ~の (中で) ~が 一番

123
UNIT 08 テーブルの 上に あります。
테이블 위에 있습니다.
- 존재동사 あります / ありません
- 존재동사 います / いません
- 위치를 나타내는 말
- 조수사 ~階
- 사물을 세는 조수사
- 사람을 세는 조수사

135
UNIT 09 週末は たいてい 何を しますか。
주말에는 주로 무엇을 합니까?
- 동사
- 동사의 종류
- 동사의 ます형

147
UNIT 10 家で 勉強を しました。
집에서 공부를 했습니다.
- 동사의 부정형
- 동사의 과거형
- 동사의 과거부정형
- 조사 ~に
- 조사 ~で

159

UNIT 11 食事に 行きませんか。
식사하러 가지 않겠습니까?

- 권유 ~ませんか / ~ましょうか　　• 동작의 목적 ~に 行く
- 희망 ~たい　　• 동시 동작 ~ながら

171

UNIT 12 早く 準備して ください。
빨리 준비해 주세요.

- 동사의 て형　　• 진행 ~て います　　• 부탁 ~て ください

183

UNIT 13 お台場に 行った ことが ありますか。
오다이바에 간 적이 있습니까?

- 동사의 た형　　• 경험의 유무 ~た ことが あります
- 열거 ~たり、~たり します

195

UNIT 14 ナイフを 使っても いいですか。
칼을 사용해도 되나요?

- 허가 ~ても いいです　　• 금지 ~ては いけません　　• 상태 ~て いる
- 준비 ~て おく　　• 시도 ~て みる　　• 충고 ~た ほうが いい

207

연습문제 정답과 스크립트

학습 스케줄 DAY 1~15

28일 기준으로 작성된 학습 스케줄입니다.
매일매일의 학습기록을 체크해보세요!

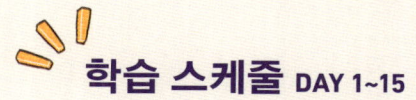

DAY 1	DAY 2	DAY 3
문자와 발음 1	문자와 발음 2	문자와 발음 3
☐ 본책 p13~p26 ☐ 쓰기 노트 p2~p23	☐ 본책 p27~p32 ☐ 쓰기 노트 p24~p39	☐ 본책 p33~p38 ☐ 쓰기 노트 p40~p41
DAY 4	**DAY 5**	**DAY 6**
복습	UNIT 01	UNIT 02
☐ 본책 p13~p38	☐ 본책 p39~p50 ☐ 쓰기 노트 p42 ☐ 워크북 p2~p5	☐ 본책 p51~p62 ☐ 쓰기 노트 p43 ☐ 워크북 p6~p9
DAY 7	**DAY 8**	**DAY 9**
복습	휴일	UNIT 03
☐ 본책 p39~p62		☐ 본책 p63~p74 ☐ 쓰기 노트 p44 ☐ 워크북 p10~p13
DAY 10	**DAY 11**	**DAY 12**
UNIT 04	복습	UNIT 05
☐ 본책 p75~p86 ☐ 쓰기 노트 p45 ☐ 워크북 p14~p17	☐ 본책 p63~p86	☐ 본책 p87~p98 ☐ 쓰기 노트 p46 ☐ 워크북 p18~p21
DAY 13	**DAY 14**	**DAY 15**
UNIT 06	복습	휴일
☐ 본책 p99~p110 ☐ 쓰기 노트 p47 ☐ 워크북 p22~p25	☐ 본책 p87~p110	

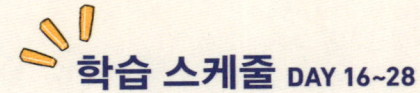

학습 스케줄 DAY 16~28

DAY 16	**DAY 17**	**DAY 18**
UNIT 07 ☐ 본책 p111~p122 ☐ 쓰기 노트 p48 ☐ 워크북 p26~p29	**UNIT 08** ☐ 본책 p123~p134 ☐ 쓰기 노트 p49 ☐ 워크북 p30~p33	**복습** ☐ 본책 p111~p134
DAY 19	**DAY 20**	**DAY 21**
UNIT 09 ☐ 본책 p135~p146 ☐ 쓰기 노트 p50 ☐ 워크북 p34~p37	**UNIT 10** ☐ 본책 p147~p158 ☐ 쓰기 노트 p51 ☐ 워크북 p38~p41	**복습** ☐ 본책 p135~p158
DAY 22	**DAY 23**	**DAY 24**
휴일	**UNIT 11** ☐ 본책 p159~p170 ☐ 쓰기 노트 p52 ☐ 워크북 p42~p45	**UNIT 12** ☐ 본책 p171~p182 ☐ 쓰기 노트 p53 ☐ 워크북 p46~p49
DAY 25	**DAY 26**	**DAY 27**
복습 ☐ 본책 p159~p182	**UNIT 13** ☐ 본책 p183~p194 ☐ 쓰기 노트 p54 ☐ 워크북 p50~p53	**UNIT 14** ☐ 본책 p195~p206 ☐ 쓰기 노트 p55 ☐ 워크북 p54~p57
DAY 28		
복습 ☐ 본책 p183~p206		

일본어의 문자와 발음

🖥 **동영상 강의**

- 문자와 발음1 : 청음
- 문자와 발음2 : 탁음~발음
- 문자와 발음3 : 장음~기본 인사 표현

문자와 발음1

문자와 발음2

문자와 발음3

일본어의 문자와 발음

1 문자

1 히라가나

🎧 track **1-001**

히라가나는 일본어 문장을 구성할 때 기본으로 사용되는 문자로, 한자에서 따왔습니다. 옛날에는 50개였지만 현재는 줄어서 46개가 되었습니다. 「ん」은 원래는 50음도에 없었으나, 다양한 소리를 만들기 위해 새로 생겨난 문자입니다.

> **50음도** 가나를 '행'과 '단'으로 구분하여 나타낸 표를 말합니다. '행'은 총 10개이며, '단'은 총 5개입니다.

단 행	あ단 a	い단 i	う단 u	え단 e	お단 o
あ행 a	あ a 아	い i 이	う u 우	え e 에	お o 오
か행 ka	か ka 카	き ki 키	く ku 쿠	け ke 케	こ ko 코
さ행 sa	さ sa 사	し shi 시	す su 스	せ se 세	そ so 소
た행 ta	た ta 타	ち chi 치	つ tsu 츠	て te 테	と to 토
な행 na	な na 나	に ni 니	ぬ nu 누	ね ne 네	の no 노
は행 ha	は ha 하	ひ hi 히	ふ hu 후	へ he 헤	ほ ho 호
ま행 ma	ま ma 마	み mi 미	む mu 무	め me 메	も mo 모
や행 ya	や ya 야		ゆ yu 유		よ yo 요
ら행 ra	ら ra 라	り ri 리	る ru 루	れ re 레	ろ ro 로
わ행 wa	わ wa 와				を wo 오
	ん N 응				

2. 가타카나

가타카나는 모습이 약간 다른 히라가나의 쌍둥이입니다. 히라가나와 마찬가지로 한자의 일부를 본뜬 문자로, 주로 의성어나 의태어 등 표현을 강조할 때, 또는 외래어나 상품명, 광고 문구 등에 많이 사용됩니다.

track 1-002

단 행	ア단 a	イ단 i	ウ단 u	エ단 e	オ단 o
ア행 a	ア a 아	イ i 이	ウ u 우	エ e 에	オ o 오
カ행 ka	カ ka 카	キ ki 키	ク ku 쿠	ケ ke 케	コ ko 코
サ행 sa	サ sa 사	シ shi 시	ス su 스	セ se 세	ソ so 소
タ행 ta	タ ta 타	チ chi 치	ツ tsu 츠	テ te 테	ト to 토
ナ행 na	ナ na 나	ニ ni 니	ヌ nu 누	ネ ne 네	ノ no 노
ハ행 ha	ハ ha 하	ヒ hi 히	フ hu 후	ヘ he 헤	ホ ho 호
マ행 ma	マ ma 마	ミ mi 미	ム mu 무	メ me 메	モ mo 모
ヤ행 ya	ヤ ya 야		ユ yu 유		ヨ yo 요
ラ행 ra	ラ ra 라	リ ri 리	ル ru 루	レ re 레	ロ ro 로
ワ행 wa	ワ wa 와				ヲ wo 오
	ン N 응				

일본어의 문자와 발음

3 한자

일본 문자에는 히라가나와 가타카나 외에 한자도 포함됩니다. 일본에서는 한자의 획수를 줄여 간략하게 한 약자를 사용하는데, 훈독, 음독 등 읽는 방식이 다양합니다.

(1) 한자 약자

일본어의 한자에는 '일본어(日本語)'처럼 한국과 같은 한자를 쓰는 경우도 있고, 일본 내에서 통용하는 약자를 쓰는 경우도 있습니다.

	한국식	일본식
학교	學校	学校
한국	韓國	韓国

(2) 훈독과 음독

일본어 한자를 읽는 방식은 두 가지가 있습니다. 뜻으로 읽는 방식인 '훈독'과, 소리로 읽는 방식인 '음독'입니다. 예를 들어, '날 일(日)'자에서 '날'은 한자의 뜻(훈)을 나타내며, '일'은 소리(음)를 나타냅니다. 일본어로는 뜻으로 읽으면 「か / ひ」가 되고, 소리로 읽으면 「じつ / にち」가 됩니다. 또 뜻과 소리가 여러 개인 한자도 있습니다.

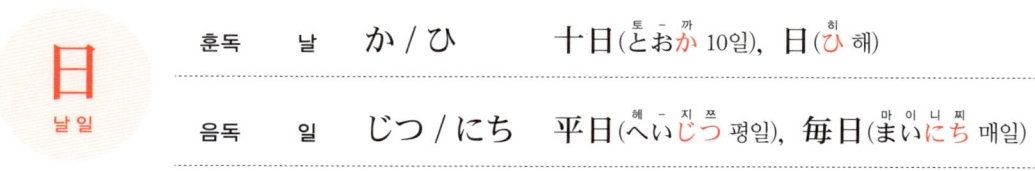

2 발음

① 청음

청음이란 「が, ぱ」처럼 문자에 탁점 「゛」이나 반탁점 「゜」과 같은 기호가 붙지 않는 발음을 말합니다. 히라가나와 가타가나를 50음도의 '행'으로 나누어 글자의 모양과 발음을 알아봅시다.

「a·i·u·e·o」 다섯 개의 모음으로 이루어져 있습니다. 우리말 '아·이·우·에·오'와 소리가 거의 비슷하지만, 한국어처럼 입을 크게 벌려 정확하게 발음하지 않고 가볍게 발음합니다. 특히 「う」는 '우'와 '으'의 중간 발음에 가깝습니다.

일본어의 문자와 발음

 일본어의 문자와 발음

か행

track 1-005

か [ka] 카　き [ki] 키　く [ku] 쿠　け [ke] 케　こ [ko] 코

카끼	키꾸	쿠 마	케무리	코 에
かき	きく	くま	けむり	こえ
감	국화	곰	연기	목소리

カ행

track 1-006

カ [ka] 카　キ [ki] 키　ク [ku] 쿠　ケ [ke] 케　コ [ko] 코

카메라	키 -	쿠리-무	케-끼	코-히-
カメラ	キー	クリーム	ケーキ	コーヒー
카메라	키, 열쇠	크림	케이크	커피

> 「k자음」에 「a·i·u·e·o」를 붙여 가볍게 발음합니다. 「か」는 '가'와 '카'의 중간 발음으로, '가'보다는 강하게, '카'보다는 약하게 발음합니다. 「く」는 '쿠'와 '크'의 중간 발음에 가깝습니다.

행 　　　　　　　　　　　　　　　　　　　　track **1-007**

さ [sa] 사　し [shi] 시　す [su] 스　せ [se] 세　そ [so] 소

사 께	시 까	스 시	세 끼	소 라
さけ	しか	すし	せき	そら
술	사슴	초밥	자리, 좌석	하늘

행 　　　　　　　　　　　　　　　　　　　　track **1-008**

サ [sa] 사　シ [shi] 시　ス [su] 스　セ [se] 세　ソ [so] 소

사 우 나	시 - 소 -	스 테 - 끼	세 - 따 -	소 화 -
サウナ	シーソー	ステーキ	セーター	ソファー
사우나	시소	스테이크	스웨터	소파

> 「s자음」에 「a·i·u·e·o」를 붙여 가볍게 발음합니다. 「す」는 '수'보다는 '스'에 가깝습니다.

 일본어의 문자와 발음

た행

track 1-009

た [ta] 타   ち [chi] 치   つ [tsu] 츠   て [te] 테   と [to] 토

타꼬
たこ
문어

치찌
ちち
아빠, 아버지

츠끼
つき
달

테
て
손

토 -
とお
열, 십

タ행

track 1-010

タ [ta] 타   チ [chi] 치   ツ [tsu] 츠   テ [te] 테   ト [to] 토

타 이
タイ
태국

치 낑 -
チキン
치킨

츠 나 미
ツナミ
쓰나미, 해일

텐 - 또
テント
텐트

토 마 또
トマト
토마토

「t자음」에 「a·i·u·e·o」를 붙여 가볍게 발음합니다. 단, 「ち」는 '티(ti)'가 아니라 '치(chi)', 「つ」는 '투(tu)'가 아니라 '츠/쯔(tsu)'라고 발음하니 주의해야 합니다.

 **な행**　　　track **1-011**

な [na] 나　　に [ni] 니　　ぬ [nu] 누　　ね [ne] 네　　の [no] 노

나 나
なな
일곱, 칠

니 꾸
にく
고기

누 이 구 루 미
ぬいぐるみ
봉제 인형

네 꼬
ねこ
고양이

노 리
のり
김

 **ナ행**　　　track **1-012**

ナ [na] 나　　ニ [ni] 니　　ヌ [nu] 누　　ネ [ne] 네　　ノ [no] 노

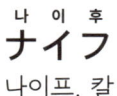
나 이 후
ナイフ
나이프, 칼

테 니 스
テニス
테니스

누 - 웅
ヌーン
낮, 정오

네 꾸 타 이
ネクタイ
넥타이

노 - 또
ノート
노트

「n자음」에 「a·i·u·e·o」를 붙여 가볍게 발음합니다. 「ぬ」는 '누'와 '느'의 중간 발음에 가깝습니다.

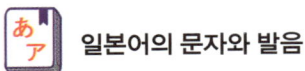 일본어의 문자와 발음

は행

track **1-013**

は [ha] 하　ひ [hi] 히　ふ [hu] 후　へ [he] 헤　ほ [ho] 호

| はは (하하) 엄마, 어머니 | ひと (히또) 사람 | ふね (후네) 배 | へそ (헤소) 배꼽 | ほし (호시) 별 |

ハ행

track **1-014**

ハ [ha] 하　ヒ [hi] 히　フ [hu] 후　ヘ [he] 헤　ホ [ho] 호

| ハート (하-또) 하트, 심장 | ヒーロー (히-로-) 히어로, 영웅 | フルーツ (후루-쯔) 과일 | ヘア (헤아) 머리카락 | ホテル (호테루) 호텔 |

「h자음」에 「a·i·u·e·o」를 붙여 가볍게 발음합니다. 「ふ」는 '후'와 '흐'의 중간 발음에 가깝습니다.

ま행 🎧 track 1-015

ま [ma] 마　み [mi] 미　む [mu] 무　め [me] 메　も [mo] 모

마 에	미 세	무 시	메 시	모 찌
まえ	みせ	むし	めし	もち
앞	가게	벌레	밥, 식사	떡

マ행 🎧 track 1-016

マ [ma] 마　ミ [mi] 미　ム [mu] 무　メ [me] 메　モ [mo] 모

마 스 꾸	미 루 꾸	무 - 스	메 모	모 스 꾸 와
マスク	ミルク	ムース	メモ	モスクワ
마스크	밀크, 우유	무스	메모	모스크바

「m자음」에 「a·i·u·e·o」를 붙여 가볍게 발음합니다. 「む」는 '무'와 '므'의 중간 발음에 가깝습니다.

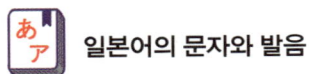 일본어의 문자와 발음

や행

track **1-017**

や [ya] 야　　ゆ [yu] 유　　よ [yo] 요

야 마
やま
산

유 끼
ゆき
눈

요 루
よる
밤

ヤ행

track **1-018**

ヤ [ya] 야　　ユ [yu] 유　　ヨ [yo] 요

이 야 홍 -
イヤホン
이어폰

유 니 호 - 무
ユニホーム
유니폼

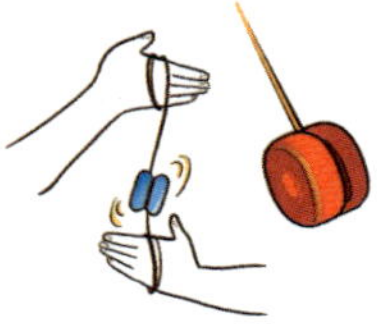

요 - 요 -
ヨーヨー
요요

「や행」은 이중 모음으로 「や·ゆ·よ」 세 개입니다.

ら행 　track 1-019

ら [ra] 라　り [ri] 리　る [ru] 루　れ [re] 레　ろ [ro] 로

라이넹-
らいねん
내년

아리
あり
개미

하루
はる
봄

하레
はれ
맑음

로-까
ろうか
복도

ラ행 　track 1-020

ラ [ra] 라　リ [ri] 리　ル [ru] 루　レ [re] 레　ロ [ro] 로

라-멩-
ラーメン
라면

이타리아
イタリア
이탈리아

루-무
ルーム
방

레몽-
レモン
레몬

로시아
ロシア
러시아

「r자음」에 「a·i·u·e·o」를 붙여 가볍게 발음합니다. 「る」는 '루'와 '르'의 중간음으로 가볍게 발음합니다.

일본어의 문자와 발음

일본어의 문자와 발음

わ행 및 ん

track 1-021

わ [wa] 와   を [wo] 오   ん [N] 응

와 니
わに
악어

홍-오 요무
ほんを よむ
책을 읽다

미깡-
みかん
귤

ワ행 및 ン

track 1-022

ワ [wa] 와   ヲ [wo] 오   ン [N] 응

와 잉-
ワイン
와인

왕-왕-
ワンワン
멍멍

「わ행」은 「わ·を」두 개입니다. 「を」는 「あ행」의 「お」와 발음이 같지만 모양이 다르고, 목적격 조사(을/를)로만 쓰이니 잘 구분해야 합니다.

2 탁음

청음 중에서 「か행·さ행·た행·は행」 네 개 행의 문자에는 오른쪽 위에 탁점 「゛」이 붙어 새로운 소리를 만듭니다. 예를 들어 「か[ka]」에 탁점이 붙으면 「が[ga]」가 됩니다. 「k발음」이 「g발음」으로 변하면서 소리가 부드러워지는데, 이를 탁음이라고 합니다.

🎧 track 1-023

が행 が[ga]가 ぎ[gi]기 ぐ[gu]구 げ[ge]게 ご[go]고

가 까 / がか / 화가
쿠 기 / くぎ / 못
카 구 / かぐ / 가구
게 따 / げた / 나막신
고 고 / ごご / 오후

🎧 track 1-024

ガ행 ガ[ga]가 ギ[gi]기 グ[gu]구 ゲ[ge]게 ゴ[go]고

가 무 / ガム / 껌
기 후 또 / ギフト / 선물
구 라 스 / グラス / 유리컵
게 ― 무 / ゲーム / 게임
고 루 후 / ゴルフ / 골프

🎧 track 1-025

ざ행 ざ[za]자 じ[zi]지 ず[zu]즈 ぜ[ze]제 ぞ[zo]조

자 루 / ざる / 소쿠리, 바구니
지 싱- / じしん / 지진
미 즈 / みず / 물
카 제 / かぜ / 바람
조 ― / ぞう / 코끼리

🎧 track 1-026

ザ행 ザ[za]자 ジ[zi]지 ズ[zu]즈 ゼ[ze]제 ゾ[zo]조

부 자 ― / ブザー / 버저, 경보기
지 ― 인 즈 / ジーンズ / 청바지
즈 봉 ― / ズボン / 바지
제 로 / ゼロ / 제로, 0
조 ― 응 / ゾーン / 구역

일본어의 문자와 발음

track **1-027**

だ행	だ [da] 다	ぢ [zi] 지	づ [zu] 즈	で [de] 데	ど [do] 도
	다이가꾸 だいがく 대학	하나지 はなぢ 코피	코즈쯔미 こづつみ 소포	소데 そで 소매	카도 かど 모퉁이

track **1-028**

ダ행	ダ [da] 다	ヂ [zi] 지	ヅ [zu] 즈	デ [de] 데	ド [do] 도
	단-스 ダンス 댄스, 춤			데-또 デート 데이트	도아 ドア 문

track **1-029**

ば행	ば [ba] 바	び [bi] 비	ぶ [bu] 부	べ [be] 베	ぼ [bo] 보
	바라 ばら 장미	에비 えび 새우	부따 ぶた 돼지	나베 なべ 냄비	보-시 ぼうし 모자

track **1-030**

バ행	バ [ba] 바	ビ [bi] 비	ブ [bu] 부	ベ [be] 베	ボ [bo] 보
	바나나 バナナ 바나나	비-루 ビール 맥주	부-쯔 ブーツ 부츠	베루또 ベルト 벨트	보-루 ボール 공

3 반탁음

반탁음은 히라가나의 청음 중 「は행」의 다섯 글자의 오른쪽 위에 반탁점 「 ゜」을 붙여 「p발음」을 내는 것을 말합니다. 우리말 발음 'ㅍ'이나 'ㅃ'에 가까운 소리입니다.

일본어의 문자와 발음

 요음

track **1-033**

50음도에서 「い」를 제외한 「い단(き·し·ち·に·ひ·み·り)」에 「や행(や·ゆ·よ)」을 붙이면 새로운 발음이 만들어집니다. 이 때 「や·ゆ·よ」는 글자 크기를 반으로 줄여 앞 글자의 오른쪽에 바싹 붙여 씁니다. 예를 들어, 「き」에 작은 「ゃ」를 붙이면 「きゃ」가 되고, 「k(ㅋ) + ya(야) = kya(캬)」라는 발음이 새로 만들어집니다. 이 크기가 작은 「ゃ·ゅ·ょ」를 요음이라 합니다.

きゃ [kya] 캬	きゅ [kyu] 큐	きょ [kyo] 쿄	キャ [kya] 캬	キュ [kyu] 큐	キョ [kyo] 쿄
ぎゃ [gya] 갸	ぎゅ [gyu] 규	ぎょ [gyo] 교	ギャ [gya] 갸	ギュ [gyu] 규	ギョ [gyo] 교
しゃ [sya] 샤	しゅ [syu] 슈	しょ [syo] 쇼	シャ [sya] 샤	シュ [syu] 슈	ショ [syo] 쇼
じゃ [zya] 쟈	じゅ [zyu] 쥬	じょ [zyo] 죠	ジャ [zya] 쟈	ジュ [zyu] 쥬	ジョ [zyo] 죠
ちゃ [cya] 챠	ちゅ [cyu] 츄	ちょ [cyo] 쵸	チャ [cya] 챠	チュ [cyu] 츄	チョ [cyo] 쵸
にゃ [nya] 냐	にゅ [nyu] 뉴	にょ [nyo] 뇨	ニャ [nya] 냐	ニュ [nyu] 뉴	ニョ [nyo] 뇨
ひゃ [hya] 햐	ひゅ [hyu] 휴	ひょ [hyo] 효	ヒャ [hya] 햐	ヒュ [hyu] 휴	ヒョ [hyo] 효
びゃ [bya] 뱌	びゅ [byu] 뷰	びょ [byo] 뵤	ビャ [bya] 뱌	ビュ [byu] 뷰	ビョ [byo] 뵤
ぴゃ [pya] 퍄	ぴゅ [pyu] 퓨	ぴょ [pyo] 표	ピャ [pya] 퍄	ピュ [pyu] 퓨	ピョ [pyo] 표
みゃ [mya] 먀	みゅ [myu] 뮤	みょ [myo] 묘	ミャ [mya] 먀	ミュ [myu] 뮤	ミョ [myo] 묘
りゃ [rya] 랴	りゅ [ryu] 류	りょ [ryo] 료	リャ [rya] 랴	リュ [ryu] 류	リョ [ryo] 료

5 촉음

🎧 track **1-034**

「た행」의 「つ」를 작게 쓴 것을 촉음이라 합니다. 「っ」는 바로 뒤에 오는 자음과 같은 소리를 내며, 한 음절의 길이를 가집니다.

(1) 「か행」 앞에서 「k (ㄱ)」으로 발음

삭-까
さっか [sakka] 작가　　　각-꼬-
がっこう [gakkou] 학교

(2) 「さ행」 앞에서 「s (ㅅ)」으로 발음

잣-시
ざっし [zasshi] 잡지　　　넷-싱-
ねっしん [nesshiN] 열심

(3) 「た행」 앞에서 「t (ㄷ)」으로 발음

낫-또-
なっとう [nattou] 낫토　　　맛-떼
まって [matte] 기다려 줘

● 한국어에서 받침 'ㅅ·ㄷ·ㅌ'은 모두 'ㄷ'으로 발음

(4) 「ぱ행」 앞에서 「p (ㅂ)」으로 발음

입-뽀
いっぽ [ippo] 한 걸음　　　입-빠이
いっぱい [ippai] 가득

● 한국어에서 받침 'ㅂ·ㅍ'은 모두 'ㅂ'으로 발음

 일본어의 문자와 발음

6 발음

track 1-035

발음은 「ん」이 뒤에 오는 자음에 따라 소리가 변하는 것을 말합니다. 촉음과 마찬가지로 한 음절의 길이를 가집니다.

(1) 「ま행・ば행・ぱ행」 앞에서 「m (ㅁ)」으로 발음

さんま [samma] 꽁치 　 しんぶん [shimbuN] 신문
えんぴつ [empitsu] 연필 　 さんぽ [sampo] 산책

(2) 「さ행・ざ행・た행・だ행・な행・ら행」 앞에서 「n (ㄴ)」으로 발음

せんせい [sensei] 선생님 　 はんたい [hantai] 반대
みんな [minna] 모두 　 かんり [kanri] 관리

(3) 「か행・が행」 앞에서 「ŋ (ㅇ)」으로 발음

てんき [teŋki] 날씨 　 まんが [maŋga] 만화

(4) 「あ행・は행・や행・わ행」 앞이나 단어 끝에서 「N (ㄴ과 ㅇ의 중간음)」

れんあい [reNai] 연애 　 ほんや [hoNya] 책방, 서점
でんわ [deNwa] 전화 　 ほん [hoN] 책

7 장음 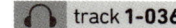 track 1-036

일본어에는 2개 이상의 모음이 이어질 경우, 앞의 모음을 길게 발음하는 장음이 들어가는 단어가 많습니다. 이 장음의 유무에 따라 단어의 의미가 달라지니 잘 익혀 두어야 합니다.

● 히라가나의 장음

(1) 「あ단」 뒤에 「あ」가 올 때

오까-상-
お**かあ**さん [okaːsaN] 엄마, 어머니　　오바-상-
お**ばあ**さん [obaːsaN] 할머니

(2) 「い단」 뒤에 「い」가 올 때

오니-상-
お**にい**さん [oniːsaN] 형, 오빠　　오지-상-
お**じい**さん [ojiːsaN] 할아버지

(3) 「う단」 뒤에 「う」가 올 때

스-가꾸
すうがく [suːgaku] 수학　　쿠-끼
くうき [kuːki] 공기

(4) 「え단」 뒤에 「え」나 「い」가 올 때

오네-상-
お**ねえ**さん [oneːsaN] 언니, 누나　　토께-
と**けい** [tokeː] 시계

(5) 「お단」 뒤에 「お」나 「う」가 올 때

토-이
と**お**い [toːi] 멀다　　오또-상-
お**とう**さん [otoːsaN] 아빠, 아버지

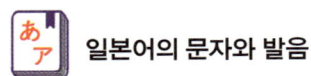 **일본어의 문자와 발음**

● **요음의 장음**

요음 뒤에 「う」가 붙으면 요음의 장음이 됩니다. 이 때 요음을 한 박자 더 길게 발음합니다.

> <ruby>き<rt>쿄</rt></ruby><ruby>ょう<rt>-</rt></ruby> [kyoː] 오늘　　　<ruby>や<rt>야</rt></ruby><ruby>き<rt>큐</rt></ruby><ruby>ゅう<rt>-</rt></ruby> [yakyuː] 야구

● **가타카나의 장음**

가타카나의 장음은 히라가나의 장음 규칙에 따라 발음하며, 하이픈 'ー'으로 표기합니다.

> <ruby>コ<rt>코</rt></ruby><ruby>ー<rt>-</rt></ruby><ruby>ヒ<rt>히</rt></ruby><ruby>ー<rt>-</rt></ruby> [koːhiː] 커피　　　<ruby>ニ<rt>뉴</rt></ruby><ruby>ュー<rt>-</rt></ruby><ruby>ス<rt>스</rt></ruby> [nyuːsu] 뉴스

3 기본 인사 표현

● **만남**

일본어는 아침, 점심, 저녁 인사가 다릅니다.

track **1-037**

_{오 하 요 - 고 자 이 마 스}
おはようございます。 안녕하세요.

_{오 하 요 -}
おはよう。 안녕.

_{콘 - 니 치 와}
こんにちは。 안녕하세요.

_{콘 - 니 치 와}
こんにちは。 안녕하세요.

_{콘 - 방 - 와}
こんばんは。 안녕하세요.

_{콘 - 방 - 와}
こんばんは。 안녕하세요.

일본어의 문자와 발음   35

일본어의 문자와 발음

● **헤어짐**　　　track **1-038**

じゃあね。 그럼 내일 봐.
〈쟈-네〉

また あした。 내일 봐.
〈마따 아시따〉

➕ 「さようなら」는 오랫동안 만나지 못하게 되는 경우에 사용하는 인사말입니다.

おさきに しつれいします。 먼저 가 보겠습니다.
〈오사키니 시쯔레-시마스〉

おつかれさまでした。 수고했어요.
〈오츠카레사마데시따〉

おやすみなさい。 안녕히 주무세요.
〈오야스미나사이〉

おやすみ。 잘 자렴.
〈오야스미〉

● **축하와 사과**

_{오메데또- 고자이마스}
おめでとうございます。 축하해요.

_{아리가또- 고자이마스}
ありがとうございます。 고마워요.

_{도- 조}
どうぞ。 받으세요.

_{도- 모 아리가또- 고자이마스}
どうも ありがとうございます。 감사합니다.

➕ 「どうぞ」는 보통 '부디'로 해석되지만, 무언가를 권하거나 건네줄 때 "여기요", "받으세요"라는 의미로 많이 쓰입니다.

_{스미마셍-}
すみません。 죄송합니다.

_{이- 에 다이죠- 부데스}
いいえ、だいじょうぶです。 아니요, 괜찮아요.

➕ 「すみません」은 타인에게 말을 걸 때나 감사 인사로도 쓰입니다. 같은 의미로 「ごめんなさい」가 있는데, 친한 사이에서는 줄여서 「ごめん」이라고 합니다.

일본어의 문자와 발음

● 기타 인사

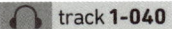

이 타 다 끼 마 스
いただきます。
잘 먹겠습니다.

고 치 소 - 사 마 데 시 따
ごちそうさまでした。
잘 먹었습니다.

일 - 떼 키 마 스
いってきます。 다녀오겠습니다.

일 - 떼 랏 - 샤 이
いってらっしゃい。 다녀오렴.

타 다 이 마
ただいま。 다녀왔습니다.

오 카 에 리 나 사 이
おかえりなさい。 어서 오렴.

UNIT 01

わたしは がくせいです。
와 따시 와 각-세-데-스

나는 학생입니다.

학습내용

- ~은/는 ~입니다 ~は ~です
- ~이/가 아닙니다 ~じゃ ありません
- ~입니까? ~ですか
- 인칭대명사
- こちら / そちら / あちら / どちら
- 조사 ~の

동영상 강의

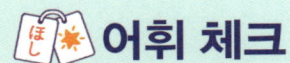 어휘 체크

그림을 보며 앞으로 배우게 될 어휘를 익혀 보세요.

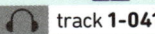 track **1-041**

가 - 세 -
がくせい
학생

센 - 세 -
せんせい
선생님

카 이 샤 잉 -
かいしゃいん
회사원

캉 - 코끄징 -
かんこくじん
한국인

니 혼 - 징 -
にほんじん
일본인

아 메 리 카 징 -
アメリカじん
미국인

링 - 고
りんご
사과

이 치 고
いちご
딸기

쿠 다 모 노
くだもの
과일

핵심 문형 체크

1 わたしは がくせいです。
_{와 따시와 각-세-데스}

나는 학생입니다.

✓ 인칭 대명사

track 1-042

일본어에서 '나, 저'를 가리키는 1인칭 대명사는 주로 「わたし」를 사용합니다. 2인칭 대명사 「あなた」는 주로 아내가 남편을 부를 때 사용하며, 상대를 가리킬 때는 이름을 부릅니다. 3인칭 대명사인 「かのじょ」는 '그녀', 「かれ」는 '그'라는 뜻인데, 각각 '여자친구', '남자친구'라는 의미도 있습니다.

1인칭	2인칭	3인칭
わたし 나, 저 (와따시)	あなた 당신 (아나따)	かのじょ 그녀 (카노죠) かれ 그 (카레)

! **TIP**

1인칭 대명사로는 주로 남자가 사용하는 「ぼく(나, 저)」와 「おれ(나)」도 있고, 2인칭 대명사는 「きみ(자네, 너)」, 「おまえ(너)」도 쓰이는데, 이것은 자신보다 나이가 어리거나 친한 사람에게 사용하는 표현입니다.

✓ ～は ～です ～은/는 ～입니다

한국어의 '～은/는'에 해당하는 일본어는 「～は」입니다. 원래 발음은 [ha]이지만, 이때는 발음이 [wa]가 되므로 주의해야 합니다. 명사에 「～です」를 붙이면 '～입니다'라는 의미의 공손한 표현이 됩니다.

わたしは イセホです。
_{와따시와 이세호데스}
나는 이세호입니다.

かれは かんこくじんです。
_{카레와 캉-코끄징-데스}
그는 한국인입니다.

かのじょは かいしゃいんです。
_{카노죠와 카이샤인-데스}
그녀는 회사원입니다.

! **TIP**

일본어에서 마침표는 「。」, 쉼표는 「、」로 표시합니다. 일반적으로 마침표와 쉼표 외에는 다른 문장기호는 사용하지 않습니다.

핵심 문형 체크

2 にほんじんじゃ ありません。
니혼진쟈 아리마셍
일본인이 아닙니다.

✓ **〜じゃ(では) ありません** ~이/가 아닙니다
쟈 데와 아리마셍

'~이/가 아닙니다'라는 부정 표현은 명사에 「〜じゃ ありません」이나 「〜では ありません」을 붙입니다. 「〜では ありません」은 주로 문서 등에서 사용하는 표현으로 딱딱한 느낌을 주는 반면, 「〜じゃ ありません」은 일상회화에서 쓰입니다.

なかたさんは がくせいじゃ(では) ありません。
나카타상와 각세 쟈 데와 아리마셍
나카타 씨는 학생이 아닙니다.

トマトは くだものじゃ(では) ありません。
토마또와 쿠다모노 쟈 데와 아리마셍
토마토는 과일이 아닙니다.

🎧 track 1-043

❗ **TIP**
「〜さん」은 '~씨, ~님'이라는 뜻으로, 상대의 이름 뒤에 붙여 사용합니다.

⭐ **단어**
にほんじん 일본인
니혼징
がくせい 학생
각세
トマト 토마토
토마또
くだもの 과일
쿠다모노

3 イさんも にほんじんですか。
이상모 니혼진데스까
이 씨도 일본인입니까?

✓ **〜ですか** ~입니까?
데스까

'~입니까?'라고 물을 때는 「〜です」에 「か」를 붙입니다. 일본어에서는 의문문에 물음표를 사용하지 않고 「。」를 쓰며, 말할 때는 말끝을 올립니다. 질문에 대해 '네'라고 대답할 때는 「はい」, '아니요'라고 대답할 때는 「いいえ」라고 합니다.

A: **かのじょも がくせいですか。** 그녀도 학생입니까?
카노죠모 각세데스까

B1: **はい、かのじょも がくせいです。** 네, 그녀도 학생입니다.
하이 카노죠모 각세데스

B2: **いいえ、かのじょは がくせいじゃ ありません。**
이에 카노죠와 각세 쟈 아리마셍
아니요, 그녀는 학생이 아닙니다.

🎧 track 1-044

❗ **TIP**
「〜も」는 '~도'라는 뜻의 조사입니다.

⭐ **단어**
かのじょ 그녀
카노죠

4 こちらは スミスさんです。
코 치 라 와　스 미 스 산 - 데 스

이분은 스미스 씨입니다.

✓ こちら / そちら / あちら / どちら 이쪽, 그쪽, 저쪽, 어느 쪽
코치라　소치라　아치라　도치라

こちら(=こっち) 코치라　콧-찌	이쪽, 이분	나와 가까운 쪽이나 그곳에 있는 사람
そちら(=そっち) 소치라　솟-찌	그쪽, 그분	상대방 쪽이나 그곳에 있는 사람
あちら(=あっち) 아치라　앗-찌	저쪽, 저분	나와 상대방 모두와 먼 쪽이나 그곳에 있는 사람
どちら(=どっち) 도치라　돗-찌	어느 쪽, 어느 분	여러 방향 중 어느 쪽 또는 어느 사람

🎧 track 1-045

！ TIP

「こちら」는 '이쪽'이라는 뜻의 방향을 나타내는 지시대명사인데, 타인을 소개할 때 '이분, 이 사람'이란 의미로 쓰이기도 합니다.

！ TIP

두 문장을 하나의 문장으로 연결할 때에는, 앞문장의 명사 뒤에 「です」 대신 「で」를 붙입니다.

トイレは こちらです。 화장실은 이쪽입니다.
토 이 레 와　코 치 라 데 스

こちらは やまださんです。 이분은 야마다 씨입니다.
코 치 라 와　야 마 다 산 - 데 스

こちらは にほんじんで、かいしゃいんです。
코 치 라 와　니 혼 - 진 - 데　카 이 샤 인 - 데 스
이분은 일본인이고, 회사원입니다.

★ 단어

トイレ 화장실
토 이 레

かいしゃいん 회사원
카 이 샤 잉 -

5 えいごの せんせいです。
에 - 고 노　센 - 세 - 데 스

영어 선생님입니다.

✓ ～の ～의
노

「～の」는 '～의'라는 의미의 조사입니다. 명사와 명사를 연결할 때에 사용하는데, 한국어로 해석할 때는 '～의'를 생략하는 것이 자연스러운 경우도 있습니다.

わたしの なまえは オナミです。 나의 이름은 오나미입니다.
와 따시 노　나 마 에 와　오 나 미 데 스

たなかさんは おんがくの せんせいです。
타 나 까 상 - 와　옹 - 가 꾸 노　센 - 세 - 데 스
다나카 씨는 음악 선생님입니다.

🎧 track 1-046

！ TIP

명사와 명사가 합쳐져 새로운 뜻의 복합명사가 될 때는 「～の」를 사용하지 않습니다.

やきゅう(야구) + せんしゅ(선수)
→ やきゅうせんしゅ(야구 선수)

★ 단어

えいご 영어　　せんせい 선생님
에 - 고　　　　 센 - 세 -

なまえ 이름　　おんがく 음악
나 마 에　　　 옹 - 가 꾸

핵심 문형 연습

〜は 〜です를 넣어서 말해 봅시다.

track 1-047

わたしは がくせいです。
나는 학생입니다.

かのじょは べんごしです。
그녀는 변호사입니다.

こちらは たなかさんです。
이분은 다나카 씨입니다.

さるは どうぶつです。
원숭이는 동물입니다.

단어
わたし 나, 저
がくせい 학생
かのじょ 그녀
べんごし 변호사
こちら 이쪽, 이분
〜さん 〜씨, 〜님
さる 원숭이
どうぶつ 동물

〜じゃ ありません을 넣어서 말해 봅시다.

track 1-048

わたしは がくせいじゃ ありません。
나는 학생이 아닙니다.

すずきさんは せんせいじゃ ありません。
스즈키 씨는 선생님이 아닙니다.

かれは かいしゃいんじゃ ありません。
그는 회사원이 아닙니다.

トマトは くだものじゃ ありません。
토마토는 과일이 아닙니다.

단어
せんせい 선생님
かれ 그
かいしゃいん 회사원
トマト 토마토
くだもの 과일

～ですか를 넣어서 말해 봅시다.

track 1-049

A: あなたは がくせいですか。
당신은 학생입니까?

B: はい、わたしは がくせいです。
네, 나는 학생입니다.

A: たなかさんも がくせいですか。
다나카 씨도 학생입니까?

B: いいえ、たなかさんは がくせいじゃ ありません。
아니요, 다나카 씨는 학생이 아닙니다.

단어
あなた 당신
～も ～도

～の를 넣어서 말해 봅시다.

track 1-050

わたしの なまえは イセホです。
나의 이름은 이세호입니다.

スミスさんは わたしの ともだちです。
스미스 씨는 나의 친구입니다.

スミスさんは おとこの ひとです。
스미스 씨는 남자입니다.

スミスさんは えいごの せんせいです。
스미스 씨는 영어 선생님입니다.

단어
～の ～의
なまえ 이름
ともだち 친구
おとこ 남자
ひと 사람
えいご 영어

실전 회화 체크

🎧 천천히 읽기 track **1-051**   보통 읽기 track **1-052**

なかた： スミスさん、こちらは イセホさんです。
わたしの ともだちです。

スミス： はじめまして。スミスです。
どうぞ、よろしく おねがいします。

イセホ： はじめまして。イセホです。わたしは がくせいです。

スミス： セホさんも にほんじんですか。

イセホ： いいえ、にほんじんじゃ ありません。
かんこくじんです。

スミス： ああ、そうですか。

なかた： スミスさんは えいごの せんせいです。

⭐ 단어
はじめまして 처음 뵙겠습니다   どうぞ 아무쪼록, 부디   よろしく 잘   おねがいします 부탁합니다

나카타	스미스 씨, 이분은 이세호 씨입니다. 나의 친구입니다.
스미스	처음 뵙겠습니다. 스미스입니다. 아무쪼록 잘 부탁합니다.
이세호	처음 뵙겠습니다. 이세호입니다. 나는 학생입니다.
스미스	세호 씨도 일본인인가요?
이세호	아니요, 일본인이 아닙니다. 한국인입니다.
스미스	아, 그렇습니까?
나카타	스미스 씨는 영어 선생님입니다.

📍 새로 나온 표현

- **はじめまして** (하지메마시떼)　처음 뵙겠습니다

  처음 만났을 때 주고받는 인사말로 나이에 상관없이 모두 쓸 수 있습니다.

- **どうぞ、よろしく おねがいします** (도-조, 요로시꾸 오네가이시마스)　아무쪼록 잘 부탁합니다

  「どうぞ」는 '아무쪼록, 부디'라는 뜻으로 권유하거나 요청할 때 많이 쓰입니다. 「よろしく おねがいします」는 '잘 부탁합니다'입니다. 간단히 「どうぞ よろしく」라고 해도 같은 뜻이 됩니다.

- **ああ、そうですか** (아-, 소-데스까)　아, 그렇습니까?

  「ああ」는 '아!', '아하!'에 해당하는 감탄사로 회화에서 많이 쓰입니다. 「そうですか」는 '그렇습니까?', '그래요?'라는 표현으로 상대방의 말에 긍정으로 대응할 때 씁니다.

 **연습 문제**

정답 p.208

1 다음 단어를 한글은 일본어로, 일본어는 한글로 써 보세요.

① 학생 _____   ④ なまえ _____

② 회사원 _____   ⑤ にほんじん _____

③ 친구 _____   ⑥ わたし _____

2 다음과 같이 대답해 보세요.

> A: たなかさんは にほんじんですか。
> B: はい、たなかさんは にほんじんです。

① A: スミスさんは かいしゃいんですか。
　 B: _____。

② A: はやしさんは がくせいですか。
　 B: _____。

③ A: かれは えいごの せんせいですか。
　 B: _____。

3 다음과 같이 대답해 보세요.

> A: イさんは にほんじんですか。
> B: <u>いいえ、イさんは にほんじんじゃ ありません。</u>

① A: ゆきさんは せんせいですか。
　 B: ＿＿＿＿＿＿＿＿＿＿＿＿＿＿＿＿＿＿＿＿＿＿＿＿＿＿。

② A: オさんは アメリカじんですか。
　 B: ＿＿＿＿＿＿＿＿＿＿＿＿＿＿＿＿＿＿＿＿＿＿＿＿＿＿。

③ A: トマトは くだものですか。
　 B: ＿＿＿＿＿＿＿＿＿＿＿＿＿＿＿＿＿＿＿＿＿＿＿＿＿＿。

4 다음 빈칸에 들어갈 알맞은 말을 써 보세요.

① かれ＿＿＿＿ べんごし＿＿＿＿＿＿＿。　그도 변호사입니까?
② わたし＿＿＿＿ なまえ＿＿＿＿ ゆき＿＿＿＿＿＿＿ 。　나의 이름은 유키입니다.
③ ＿＿＿＿＿＿は はやしさんです。　이분은 하야시 씨입니다.
④ スミスさんは えいご＿＿＿＿ せんせいです。　스미스 씨는 영어 선생님입니다.

5 다음을 잘 듣고 대답으로 알맞은 것을 골라 보세요.　　track **1-053**

> A: はじめまして。わたしは イセホです。
> B: ＿＿＿＿＿＿＿＿＿＿＿＿。

① ☐　② ☐　③ ☐

반말은 어떻게 할까요

track **1-054**

명사에 「~です」 대신 「~だ」를 붙이면 '~이다'라는 반말이 되는데, 실제 회화에서는 주로 명사만으로 말합니다. 이때 주격조사 「は」는 생략해도 됩니다.

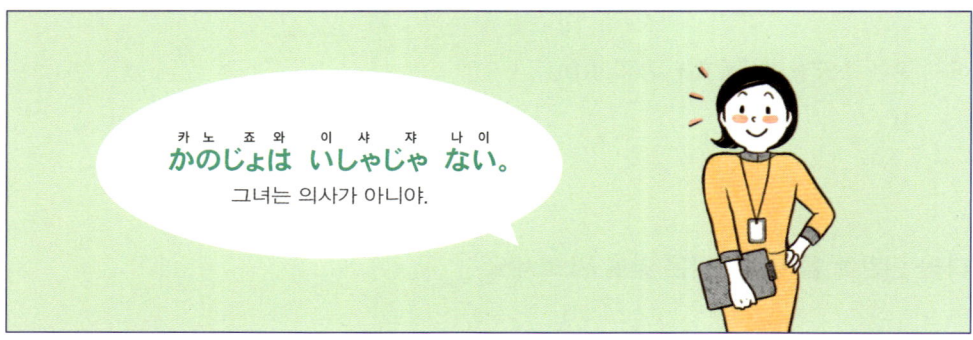

명사에 「~じゃ ありません」 대신 「~じゃ ない」를 붙이면 '~이/가 아니다'라는 반말 부정형이 됩니다.

일본어에서는 질문할 때 물음표를 사용하지 않고, 말끝을 올려서 말합니다. 「はい」의 반말은 「うん」이고, 「いいえ」의 반말은 「ううん」입니다.

02 UNIT

なんじですか。
난 - 지 데 스 까
몇 시입니까?

학습내용
- 수 읽기
- 조수사 〜はい
- 시간 표현
- 요일 읽기
- 〜から 〜まで

동영상 강의

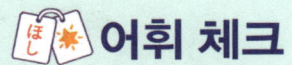 **어휘 체크**

그림을 보며 앞으로 배우게 될 어휘를 익혀 보세요.

 track **1-055**

오 챠
おちゃ
차

코 ― 히 ―
コーヒー
커피

쥬 ― 스
ジュース
주스

미 루 꾸
ミルク
우유

고 젱 ―
ごぜん
오전

고 고
ごご
오후

테 스 또
テスト
테스트, 시험

카 이 기
かいぎ
회의

쥬 교 ―
じゅぎょう
수업

핵심 문형 체크

1. コーヒー ごはい おねがいします。
_{코-히- 고하이 오네가이시마스}

커피 다섯 잔 부탁합니다.

✅ 수 읽기

🎧 track **1-056**

숫자 4, 7, 9는 읽는 방법이 두 가지 있습니다. 1부터 10까지 연이어 읽을 때는 각각 「し」, 「しち」, 「きゅう」라고 읽고, 전화번호 등 상대방에게 정확한 숫자를 알려야 할 때는 「よん」, 「なな」, 「く」로 읽습니다. 10 이상의 숫자는, 11의 경우 「10(じゅう)」와 「1(いち)」를 합쳐 「じゅういち」라고 읽습니다. 1부터 10까지 읽는 법을 알면 99까지 읽을 수 있습니다.

0	1	2	3	4	5
레- **れい** 제로 **ゼロ** 마루 **まる**	이 치 **いち**	니 **に**	상 **さん**	시 **し** 용 **よん**	고 **ご**
6	**7**	**8**	**9**	**10**	
로 꾸 **ろく**	시 치 **しち** 나 나 **なな**	하 치 **はち**	큐- **きゅう** 쿠 **く**	쥬- **じゅう**	

> **! TIP**
> 0은 세 가지 방법으로 읽습니다. 한자 '영'에 해당하는 「れい」, 영어 발음을 딴 「ゼロ」, 또 동그라미란 뜻의 「まる」라고 읽습니다.

> **! TIP**
> 주의해서 발음해야 할 숫자
> 14 　じゅうよん
> 17 　じゅうなな
> 19 　じゅうきゅう
> 44 　よんじゅうよん
> 77 　ななじゅうなな
> 99 　きゅうじゅうきゅう

✅ 〜はい(杯) _{하이} ~잔

'한 잔, 두 잔…'이라는 잔이나 컵 수를 세는 말은 숫자에 「〜はい(杯)」를 붙이면 됩니다. 1, 3, 6, 8, 10에서는 발음이 변하므로 주의합니다.

한 잔	두 잔	석 잔	넉 잔	다섯 잔
입-빠이 **いっぱい**	니 하이 **にはい**	삼-바이 **さんばい**	용-하이 **よんはい**	고 하이 **ごはい**
여섯 잔	일곱 잔	여덟 잔	아홉 잔	열 잔
롭-빠이 **ろっぱい**	나나하이 **ななはい**	합-빠이 **はっぱい**	큐-하이 **きゅうはい**	쥽-빠이 **じゅっぱい** 집-빠이 **じっぱい**

> **! TIP**
> 「いっぱい」는 '한 잔'이라는 뜻의 명사로도 쓰이고, '가득'이라는 뜻의 부사로도 쓰입니다. '한 잔'이라고 할 때는 한자로 쓰고, '가득'이라고 할 때는 히라가나로 써서 구분합니다.

_{오 챠　니 하이　오네가이시마스}
おちゃ にはい おねがいします。 차 두 잔 부탁합니다.

_{쥬-스　고 하이　오네가이시마스}
ジュース ごはい おねがいします。 주스 다섯 잔 부탁합니다.

> **⭐ 단어**
> _{오네가이시마스}
> **おねがいします**
> 부탁합니다

핵심 문형 체크

2 かいぎは なんじですか。
회의는 몇 시입니까?

🎧 track 1-057

✓ 시간 표현

시간을 말할 때는 숫자에 「じ(시)」와 「ふん/ぷん(분)」을 붙여 표현합니다. '분'은 앞에 붙는 숫자에 따라 발음이 달라지니 주의합니다. '몇 시'는 「なんじ(何時)」, '몇 분'은 「なんぷん(何分)」이라고 합니다.

じ(時) 시					
1시	2시	3시	4시	5시	6시
이치지 いちじ	니지 にじ	산지 さんじ	요지 よじ	고지 ごじ	로쿠지 ろくじ
7시	8시	9시	10시	11시	12시
시치지 しちじ	하치지 はちじ	쿠지 くじ	쥬-지 じゅうじ	쥬-이치지 じゅういちじ	쥬-니지 じゅうにじ

ふん / ぷん (分) 분					
1분	2분	3분	4분	5분	6분
입-뿡- いっぷん	니 훙- にふん	삼-뿡- さんぷん	욤-뿡- よんぷん	고 훙- ごふん	롭-뿡- ろっぷん
7분	8분	9분	10분	30분 / 반	
나나 훙- ななふん	합-뿡- はっぷん	큐- 훙- きゅうふん	쥽-뿡- じゅっぷん 집-뿡- じっぷん	산-쥽-뿡- さんじゅっぷん 산-집-뿡- 항- さんじっぷん / はん(半)	

A: いまは なんじ なんぷんですか。
이마와 난-지 남-뿐-데스카
지금(은) 몇 시 몇 분입니까?

B: ごぜん じゅうじです。
고젠- 쥬-지데스
오전 10시입니다.

C: いま、ごご にじ じゅっぷんです。
이마 고고 니지 쥽-뿐-데스
지금(은) 오후 2시 10분입니다.

> **! TIP**
> 「いま(지금)」와 「いまは(지금은)」는 모두 '지금, 지금은' 이라고 해석해도 무방합니다. 조사 「は」를 쓰지 않을 때는 쉼표(、)를 찍습니다.

> **⭐ 단어**
> かいぎ 회의
> いま 지금
> ごぜん 오전
> ごご 오후

3 きょうは なんようびですか。
_{쿄ー와 낭ー요ー비데스까}

오늘은 무슨 요일입니까?

✓ 요일 읽기

track 1-058

'요일'은 「ようび」라고 하고, 「ようび」 앞에 '월·화·수·목·금·토·일'을 붙여서 말합니다.

월요일	화요일	수요일	목요일
게츠요ー비 げつようび	카요ー비 かようび	스이요ー비 すいようび	모꾸요ー비 もくようび
금요일	토요일	일요일	무슨 요일
킹ー요ー비 きんようび	도ー요ー비 どようび	니치요ー비 にちようび	낭ー요ー비 なんようび

A: きょうは なんようびですか。 오늘은 무슨 요일입니까?

B: きょうは きんようびです。 오늘은 금요일입니다.

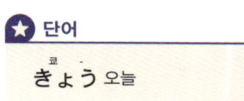

단어
きょう 오늘

4 ごぜん くじから じゅういちじまでです。
_{고젱ー 쿠지까라 쥬ー이치지마데데스}

오전 9시부터 11시까지입니다.

✓ ~から ~まで ~부터 ~까지

track 1-059

「~から」는 '~부터', 「~まで」는 '~까지'라는 뜻으로, 시간, 장소 등의 시작과 끝을 나타낼 때 씁니다.

やすみは いつからですか。 휴일은 언제부터입니까?

テストは あしたまでです。 시험은 내일까지입니다.

じゅぎょうは げつようびから きんようびまでです。
수업은 월요일부터 금요일까지입니다.

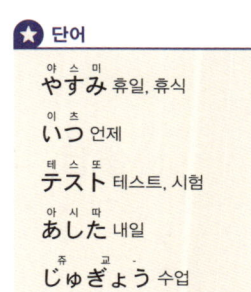

단어
やすみ 휴일, 휴식
いつ 언제
テスト 테스트, 시험
あした 내일
じゅぎょう 수업

📝 핵심 문형 연습

○ ～はい를 넣어서 잔을 세어 봅시다. 🎧 track 1-060

コーヒー、さんばい おねがいします。
커피 석 잔 부탁합니다.

おちゃ はっぱい おねがいします。
차 여덟 잔 부탁합니다.

ジュース よんはい おねがいします。
주스 넉 잔 부탁합니다.

ミルク にはい おねがいします。
우유 두 잔 부탁합니다.

⭐ 단어
コーヒー 커피
おねがいします 부탁합니다
おちゃ 차
ジュース 주스
ミルク 우유

○ ～じ ～ふん(ぷん)을 넣어서 시간을 말해 봅시다. 🎧 track 1-061

いまは ごぜん くじです。
지금은 오전 9시입니다.

いまは ごご しちじ ごふんです。
지금은 오후 7시 5분입니다.

いまは ごぜん じゅうじ さんじゅっぷんです。
지금은 오전 10시 30분입니다.

いまは ごご よじ よんじゅうごふんです。
지금은 오후 4시 45분입니다.

⭐ 단어
いま 지금
ごぜん 오전
ごご 오후

～ようびを 넣어서 요일을 말해 봅시다.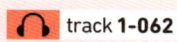

きょうは かようびです。
오늘은 화요일입니다.

あしたは すいようびです。
내일은 수요일입니다.

やすみは どようびです。
휴일은 토요일입니다.

テストは げつようびです。
시험은 월요일입니다.

단어
きょう 오늘
あした 내일
やすみ 휴일
テスト 테스트, 시험

～から ～までを 넣어서 말해 봅시다.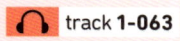

かいぎは じゅうじから にじまでです。
회의는 10시부터 2시까지입니다.

テストは きょうから あしたまでです。
시험은 오늘부터 내일까지입니다.

やすみは すいようびから きんようびまでです。
휴일은 수요일부터 금요일까지입니다.

じゅぎょうは ごぜんから ごごまでです。
수업은 오전부터 오후까지입니다.

단어
かいぎ 회의
じゅぎょう 수업

UNIT 02 なんじですか。 57

실전 회화 체크

🎧 천천히 읽기 track **1-064**　보통 읽기 track **1-065**

キムジウ　きょうは なんようびですか。

ゆき　げつようびです。

キムジウ　きょうは かいぎですね。

ゆき　はい、そうです。

キムジウ　かいぎは なんじですか。

ゆき　ごご さんじ じゅっぷんからです。

キムジウ　あしたの かいぎは なんじからですか。

ゆき　ごぜん くじから じゅういちじまでです。

キムジウ　かいぎの とき、コーヒー ごはい おねがいします。

ゆき　はい。

⭐ 단어

そうです 그렇습니다　～の とき ～할 때

김지우	오늘은 무슨 요일입니까?
유키	월요일입니다.
김지우	오늘 회의지요?
유키	네, 그렇습니다.
김지우	회의는 몇 시입니까?
유키	오후 3시 10분부터입니다.
김지우	내일 회의는 몇 시부터인가요?
유키	오전 9시부터 11시까지입니다.
김지우	회의 때, 커피 다섯 잔 부탁해요.
유키	네.

회화 무비

📍 새로 나온 표현

● **きょうは かいぎですね** 오늘 회의지요?
(쿄-와 카이기데스네)

「きょうは かいぎですね」는 몰라서 물어보는 말이 아니라, 오늘 회의가 있다는 사실을 알고 있는 상태에서 이것을 확인하는 표현입니다. 맨끝에 붙은 「〜ね」가 상대방의 의견에 동의하거나 확인할 때 쓰는 말입니다. '오늘 회의지요?' '오늘 회의가 있지요?'라고 해석하는 것이 자연스럽습니다.

● **〜の とき** 〜할 때, 〜했을 때, 〜였을 때
(노 토끼)

명사에 붙어 '〜할 때, 〜했을 때, 〜였을 때'라는 의미를 나타냅니다.

예) **かいぎの とき** 회의 때 (카이기노 토끼)　　**がくせいの とき** 학생 때 (각세-노 토끼)　　**じゅぎょうの とき** 수업 때 (쥬교-노 토끼)

● **〜ね** 〜군요
(네)

말끝에 붙여서 상대방의 의견에 동의하거나 확인할 때 쓰는 말입니다.

 **연습 문제**

정답 p.208

1 다음 단어를 한글은 일본어로, 일본어는 한글로 써 보세요.

① 오전 _____   ④ テスト _____

② 내일 _____   ⑤ かいぎ _____

③ 몇 시 _____   ⑥ じゅぎょう _____

2 그림을 보고 다음과 같이 대답해 보세요.

A: いまは なんじですか。
B: いまは くじ じゅっぷんです。
　　いまは くじ じっぷんです。

①
A: いまは なんじですか。
B: いまは _____ です。

②
A: いまは なんじですか。
B: いまは _____ です。

③
A: いまは なんじですか。
B: いまは _____ です。

3 다음과 같이 대답해 보세요.

> じゅぎょう
> ごぜん くじ ～ ごご よじ
>
> A: じゅぎょうは なんじから なんじまでですか。
> B: <u>ごぜん くじから ごご よじまでです。</u>

① やすみ
きんようび ～ にちようび

A: やすみは いつから いつまでですか。
B: _____。

② かいぎ
ごご さんじ ～ ごじ

A: かいぎは なんじから なんじまでですか。
B: _____。

③ テスト
かようび ～ もくようび

A: テストは いつから いつまでですか。
B: _____。

4 다음 빈칸에 들어갈 알맞은 말을 써 보세요.

① _____は なん_____ですか。 오늘은 무슨 요일입니까?

② いま、_____ですか。 지금 몇 시 몇 분입니까?

③ _____ しちじです。 오후 7시입니다.

④ じゅぎょうは げつようび_____ きんようび_____です。
수업은 월요일부터 금요일까지입니다.

5 다음을 잘 듣고 대답으로 알맞은 것을 골라 보세요. track 1-066

> A: かいぎは なんじからですか。
> B: _____。

① ☐ ② ☐ ③ ☐

더 알아두기

조수사

사물의 개수를 세는 말인 '~개', '~자루' 등의 표현을 '조수사'라고 합니다. 지우개나 사과 등의 물건을 셀 때(몇 개), 술이나 음료 등 잔이나 컵의 수를 셀 때(몇 잔), 가늘고 긴 물건을 셀 때(몇 자루) 등 경우에 따라 달라지는 조수사에 대해 알아봅시다.

	～つ ~개	～こ(個) ~개	～さつ(冊) ~권
한	ひとつ	いっこ	いっさつ
두	ふたつ	にこ	にさつ
세	みっつ	さんこ	さんさつ
네	よっつ	よんこ	よんさつ
다섯	いつつ	ごこ	ごさつ
여섯	むっつ	ろっこ	ろくさつ
일곱	ななつ	ななこ	ななさつ
여덟	やっつ	はっこ	はっさつ
아홉	ここのつ	きゅうこ	きゅうさつ
열	とお	じゅっこ	じゅっさつ
몇	いくつ	なんこ	なんさつ
	～まい(枚) ~장, ~매	～ほん/ぽん(本) ~병, ~자루	～かい(回) ~회, ~번
한	いちまい	いっぽん	いっかい
두	にまい	にほん	にかい
세	さんまい	さんぼん	さんかい
네	よんまい	よんほん	よんかい
다섯	ごまい	ごほん	ごかい
여섯	ろくまい	ろっぽん	ろっかい
일곱	ななまい	ななほん	ななかい
여덟	はちまい	はっぽん	はっかい
아홉	きゅうまい	きゅうほん	きゅうかい
열	じゅうまい	じゅっぽん	じゅっかい
몇	なんまい	なんぼん	なんかい

UNIT 03
たんじょうびは きのうでした。
탄죠-비와 키노-데시따

생일은 어제였습니다.

학습내용
- 달력 읽기
- ～였습니다 ～でした
- ～이/가 아니었습니다 ～じゃ ありませんでした
- これ / それ / あれ / どれ

동영상 강의

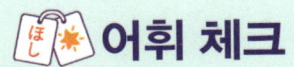
어휘 체크

그림을 보며 앞으로 배우게 될 어휘를 익혀 보세요.

 track **1-067**

쿠 리 스 마 스
クリスマス
크리스마스

오 쇼- 가 쯔
おしょうがつ
정월, 설날

코 도 모 노 히
こどものひ

어린이날

바 렌 타 인 데-
バレンタインデー
밸런타인데이

콘 사- 또
コンサート

콘서트, 공연

뉴- 가 끄 시 끼
にゅうがくしき

입학식

탄 죠- 비
たんじょうび
생일

세- 루
セール

세일

야 스 미
やすみ

쉼, 휴일

핵심 문형 체크

1
야 스 미 와　쿠 가 쯔　니 쥬- 욕-까까라데스
やすみは くがつ にじゅうよっかからです。
휴일은 9월 24일부터입니다.

track 1-068

✓ 달력 읽기

'월(月)'은 「がつ」라고 읽습니다. 1부터 12까지의 숫자 뒤에 「がつ」를 붙여 읽습니다. '몇 월'은 「なんがつ(何月)」라고 읽습니다. '일(日)'은 「にち」라고 읽는데, 1일부터 10일까지는 일본 고유의 방식으로 읽고, 11일부터 숫자에 「にち」를 붙여 읽습니다. '며칠'은 「なんにち(何日)」라고 읽습니다.

がつ(月) 월					
1월	2월	3월	4월	5월	6월
이 치 가 쯔 いちがつ	니 가 쯔 にがつ	상- 가 쯔 さんがつ	시 가 쯔 しがつ	고 가 쯔 ごがつ	로 쿠 가 쯔 ろくがつ
7월	8월	9월	10월	11월	12월
시 치 가 쯔 しちがつ	하 치 가 쯔 はちがつ	쿠 가 쯔 くがつ	쥬- 가 쯔 じゅうがつ	쥬- 이 치 가 쯔 じゅういちがつ	쥬- 니 가 쯔 じゅうにがつ

にち(日) 일							
1일	2일	3일	4일	5일	6일	7일	8일
츠 이 타 찌 ついたち	후 츠 까 ふつか	믹- 까 みっか	욕- 까 よっか	이 츠 까 いつか	무 이 까 むいか	나 노 까 なのか	요- 까 ようか
9일	10일	11일	12일	13일	14일	15일	16일
코 코 노 까 ここのか	토- 까 とおか	쥬- じゅう 이치니찌 いちにち	쥬- じゅう 니니찌 ににち	쥬- じゅう 산-니찌 さんにち	쥬- じゅう 욕-까 よっか	쥬- じゅう 고니찌 ごにち	쥬- じゅう 로쿠니찌 ろくにち
17일	18일	19일	20일	21일	22일	23일	24일
쥬- じゅう 시치니지 しちにち	쥬- じゅう 하치니찌 はちにち	쥬- じゅう 쿠니찌 くにち	하 츠 까 はつか	니 쥬- にじゅう 이치니찌 いちにち	니 쥬- にじゅう 니니찌 ににち	니 쥬- にじゅう 산-니찌 さんにち	니 쥬- にじゅう 욕-까 よっか
25일	26일	27일	28일	29일	30일	31일	
니쥬- にじゅう 고니찌 ごにち	니쥬- にじゅう 로쿠니찌 ろくにち	니쥬- にじゅう 시치니찌 しちにち	니쥬- にじゅう 하치니찌 はちにち	니쥬- にじゅう 쿠니찌 くにち	산-쥬- さんじゅう 니찌 にち	산-쥬- さんじゅう 이치니찌 いちにち	

쿠 리 스 마 스 와　쥬- 니 가 쯔　니 쥬- 고 니 찌 데 스
クリスマスは じゅうにがつ にじゅうごにちです。 크리스마스는 12월 25일입니다.

오 쇼- 가 쯔 와　이 치 가 쯔　츠 이 타 찌 데 스
おしょうがつは いちがつ ついたちです。 설날은 1월 1일입니다.

핵심 문형 체크

2 きのう でした。
어제였습니다.

🎧 track 1-069

✅ **〜でした** ~였습니다

명사 뒤에 「〜でした(~였습니다)」를 붙이면 과거를 나타내는 정중한 표현이 됩니다. 의문을 나타내는 「〜か」를 붙이면 「〜でしたか(~였습니까?)」가 됩니다.

과거·현재·미래를 나타내는 말

きのう 어제	きょう 오늘	あした 내일
せんしゅう 지난주	こんしゅう 이번 주	らいしゅう 다음 주
せんげつ 지난달	こんげつ 이번 달	らいげつ 다음 달
きょねん 작년	ことし 올해	らいねん 내년

きのうは やすみでした。
어제는 휴일이었습니다.

ゆうべは ゆきでした。
어젯밤은 눈이었습니다.(눈이 내렸습니다.)

テストは せんしゅうの すいようびでしたか。
시험은 지난주 수요일이었습니까?

デパートは セールでしたか。
백화점은 세일이었습니까?

❗ **TIP**

「ゆきでした」는 「ゆき」라는 명사에 「でした」가 붙어 문자 그대로 해석하면 '눈이었습니다'이지만, 동사가 없어도 '눈이 내렸습니다'라는 의미를 나타냅니다. 「あめです」도 마찬가지로 '비가 내립니다'라고 해석하는 것이 자연스럽습니다.

❗ **TIP**

「ゆうべは」는 '어젯밤은'이라고 해석해도 되고 상황에 따라 '어젯밤에는'이라고 해도 좋습니다.

⭐ **단어**

- きのう 어제
- やすみ 휴일
- ゆうべ 어젯밤, 어제 저녁
- ゆき 눈
- テスト 테스트, 시험
- デパート 백화점
- セール 세일

3. やすみじゃ ありませんでした。
휴일이 아니었습니다.

✓ ~じゃ ありませんでした ~이/가 아니었습니다

「~じゃ ありませんでした」는 '~이/가 아니었습니다'라는 의미로, 과거를 부정하는 표현입니다. 현재 부정형 「~じゃ ありません」에 「でした」를 붙여 나타냅니다.

コンサートは きんようびじゃ ありませんでした。
콘서트는 금요일이 아니었습니다.

にゅうがくしきは げつようびじゃ ありませんでした。
입학식은 월요일이 아니었습니다.

🎧 track **1-070**

⭐ 단어

コンサート 콘서트, 공연

にゅうがくしき 입학식

---

4. これは なんですか。
이것은 무엇입니까?

✓ これ / それ / あれ / どれ 이것 / 그것 / 저것 / 어느 것

これ	이것	말하는 사람과 가까운 곳에 있는 것
それ	그것	상대방 쪽에 있는 것
あれ	저것	나와 상대방 모두로부터 떨어져 있는 것
どれ	어느 것	여러 개 중에 어느 것

🎧 track **1-071**

❗ TIP

「これ」로 물어보면 「それ」로 답하고 「それ」로 물어보면 「これ」, 「あれ」로 물어보면 「あれ」로 대답하는 것이 자연스럽습니다.

A: これは なんですか。
이것은 무엇입니까?

B: それは かばんです。
그것은 가방입니다.

A: あれは なんですか。
저것은 무엇입니까?

B: あれは かばんです。
저것은 가방입니다.

⭐ 단어

なん 무엇

かばん 가방

UNIT **03** たんじょうびは きのうでした。

📝 핵심 문형 연습

○ ~がつ ~にち를 넣어서 날짜를 말해 봅시다.
🎧 track 1-072

_{코 도 모 노 히 와   고 가 쯔   이 쯔 까 데 스}
こどものひは　ごがつ　いつかです。
어린이날은 5월 5일입니다.

_{바 렌 - 타 인 - 데 - 와   니 가 쯔   쥬 - 욕 - 까 데 스}
バレンタインデーは　にがつ　じゅうよっかです。
밸런타인데이는 2월 14일입니다.

_{오 쇼 - 가 쯔 와   이 치 가 쯔   츠 이 타 찌 데 스}
おしょうがつは　いちがつ　ついたちです。
설날은 1월 1일입니다.

_{쿠 리 스 마 스 와   쥬 - 니 가 쯔   니 쥬 - 고 니 찌 데 스}
クリスマスは　じゅうにがつ　にじゅうごにちです。
크리스마스는 12월 25일입니다.

⭐ 단어
こどものひ 어린이날
バレンタインデー 밸런타인데이
おしょうがつ 정월, 설날
クリスマス 크리스마스

○ ~でした / ~でしたか를 넣어서 말해 봅시다.
🎧 track 1-073

_{키 노 - 와   야 스 미 데 시 따}
きのうは　やすみでした。
어제는 휴일이었습니다.

_{탄 - 죠 - 비 와   셍 - 게 쯔 데 시 따}
たんじょうびは　せんげつでした。
생일은 지난달이었습니다.

_{테 스 또 와   스 이 요 - 비 데 시 타 까}
テストは　すいようびでしたか。
시험은 수요일이었습니까?

_{유 - 베 와   유 끼 데 시 타 까}
ゆうべは　ゆきでしたか。
어젯밤은 눈이 내렸습니까?

⭐ 단어
きのう 어제
やすみ 휴일
たんじょうび 생일
せんげつ 지난달
テスト 테스트, 시험
ゆうべ 어젯밤, 어제 저녁
ゆき 눈

～じゃ ありませんでした를 넣어서 말해 봅시다.

かいぎは ごぜんじゃ ありませんでした。
회의는 오전이 아니었습니다.

コンサートは ゆうべじゃ ありませんでした。
콘서트는 어제 저녁이 아니었습니다.

にゅうがくしきは きのうじゃ ありませんでした。
입학식은 어제가 아니었습니다.

きのうは たんじょうびじゃ ありませんでした。
어제는 생일이 아니었습니다.

단어
- かいぎ 회의
- ごぜん 오전
- コンサート 콘서트, 공연
- にゅうがくしき 입학식

これ / それ / あれ / どれ를 넣어서 말해 봅시다.

A: **それは なんですか。**
그것은 무엇입니까?

B: **これは ぼうしです。**
이것은 모자입니다.

A: **せんせいの かさは どれですか。**
선생님의 우산은 어느 것입니까?

B: **せんせいの かさは これです。**
선생님의 우산은 이것입니다.

단어
- なん 무엇
- ぼうし 모자
- せんせい 선생님
- かさ 우산

UNIT 03 たんじょうびは きのうでした。

💬 실전 회화 체크

🎧 천천히 읽기 track **1-076**　보통 읽기 track **1-077**

なかた：それは なんですか。

イセホ：これは たんじょうびの プレゼントです。

なかた：セホさん、きょう、おたんじょうびですか。

イセホ：いいえ、きょうじゃ ありません。きのうでした。

なかた：あ、そうですか。おめでとう。

イセホ：なかたさん、きのう、やすみでしたか。

なかた：いいえ、やすみじゃ ありませんでした。

イセホ：やすみは いつからですか。

なかた：やすみは くがつ にじゅうよっかからです。

⭐ 단어

プレゼント 선물　おめでとう 축하합니다　いつから 언제부터

나카타	그건 뭐예요?
이세호	이건 생일 선물이에요.
나카타	세호 씨, 오늘 생일이에요?
이세호	아니요. 오늘이 아니에요. 어제였습니다.
나카타	아, 그래요? 축하해요.
이세호	나카타 씨, 어제 휴일이었나요?
나카타	아니요, 휴일이 아니었습니다.
이세호	휴일은 언제부터예요?
나카타	휴일은 9월 24일부터예요.

회화 무비

📍 새로 나온 표현

● おたんじょうび (오탄죠–비) 생일

생일이라는 단어 「たんじょうび」 앞에 「お」를 붙이면 공손한 표현이 됩니다. 내 생일을 말할 때에는 공손하게 말할 필요가 없기 때문에, 남의 생일을 말할 때만 씁니다. 마찬가지로 이름(なまえ), 직업(しごと)등에도 「お」를 붙이면 상대에게 예의를 갖춘 공손한 말이 됩니다.

또한 「お」는 명사에 붙어 예쁜 말을 만듭니다. 「はな(꽃)」에 「お」를 붙여 「おはな」라고 하면, 뜻은 같지만 부드럽고 예쁜 느낌을 줍니다.

なまえ (나마에) (내) 이름	おなまえ (오나마에) 성함(남의 이름)
しごと (시고또) (내) 직업	おしごと (오시고또) (남의) 직업
たんじょうび (탄죠–비) (내) 생일	おたんじょうび (오탄죠–비) (남의) 생일
はな (하나) 꽃	おはな (오하나) 꽃
かね (카네) 돈	おかね (오카네) 돈
みず (미즈) 물	おみず (오미즈) 물

● おめでとう (오메데또–) 축하해요

'축하합니다'라는 뜻으로, 원래는 「おめでとうございます」이지만 짧게 「おめでとう」라고도 씁니다.

 **연습 문제**

정답 p.209

1 다음 단어를 한글은 일본어로, 일본어는 한글로 써 보세요.

① 생일 _____   ④ こどものひ _____

② 입학식 _____   ⑤ おしょうがつ _____

③ 어제 _____   ⑥ クリスマス _____

2 그림을 보고 다음과 같이 대답해 보세요.

A: これは　なんですか。
B: それは　ざっしです。

①
A: それは　なんですか。
B: _____は _____です。

②
A: あれは　なんですか。
B: _____は _____です。

③
A: これは　なんですか。
B: _____は _____です。

3 1일부터 10일까지 읽는 법을 바르게 써 보세요.

1일	2일	3일	4일	5일
6일	7일	8일	9일	10일

4 다음 빈칸에 들어갈 알맞은 말을 써 보세요.

① きのうは やすみ_____。 어제는 휴일이었습니까?

② いいえ、やすみ_____。 아니요, 휴일이 아니었습니다.

③ クリスマスは _____です。 크리스마스는 12월 25일입니다.

④ たんじょうびは _____でした。 생일은 20일이었습니다.

5 다음을 잘 듣고 대답으로 알맞은 것을 골라 보세요.　　track 1-078

A: あれは なんですか。
B: _____。

① ☐　② ☐　③ ☐

반말은 어떻게 할까요

track **1-079**

명사에「でした」대신「だった」를 붙이면 과거를 나타내는 반말이 됩니다.

반말의 부정표현인 '~이/가 아니었어'는 명사 뒤에 정중형「じゃ ありませんでした」대신「じゃ なかった」를 붙이면 됩니다.

'무엇입니까?'라고 정중하게 말할 때는「なんですか」라고 하고, '뭐야?'라고 반말로 말할 때는「なに」라고 합니다.

UNIT 04

まじめな ひとです。
마지메나 히또데스

성실한 사람입니다.

학습내용
- な형용사
- な형용사의 정중형
- な형용사의 부정형
- な형용사의 명사 수식형
- この / その / あの / どの
- 가족 호칭

동영상 강의

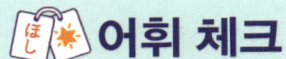 어휘 체크

그림을 보며 앞으로 배우게 될 어휘를 익혀 보세요.

 track **1-080**

<small>와 따 시 노 카 조 꾸</small>
わたしの かぞく
나의 가족

<small>소 후</small>
そふ
할아버지

<small>소 보</small>
そぼ
할머니

<small>소 후</small>
そふ
할아버지

<small>소 보</small>
そぼ
할머니

<small>오 바</small>
おば
이모(고모)

<small>하 하</small>
はは
엄마, 어머니

<small>치 찌</small>
ちち
아빠, 아버지

<small>오 지</small>
おじ
삼촌

<small>아 니</small>
あに
오빠(형)

<small>아 네</small>
あね
あね
언니(누나)

<small>와 따 시</small>
わたし
나

<small>오 또 - 또</small>
おとうと
남동생

<small>이 모 - 또</small>
いもうと
여동생

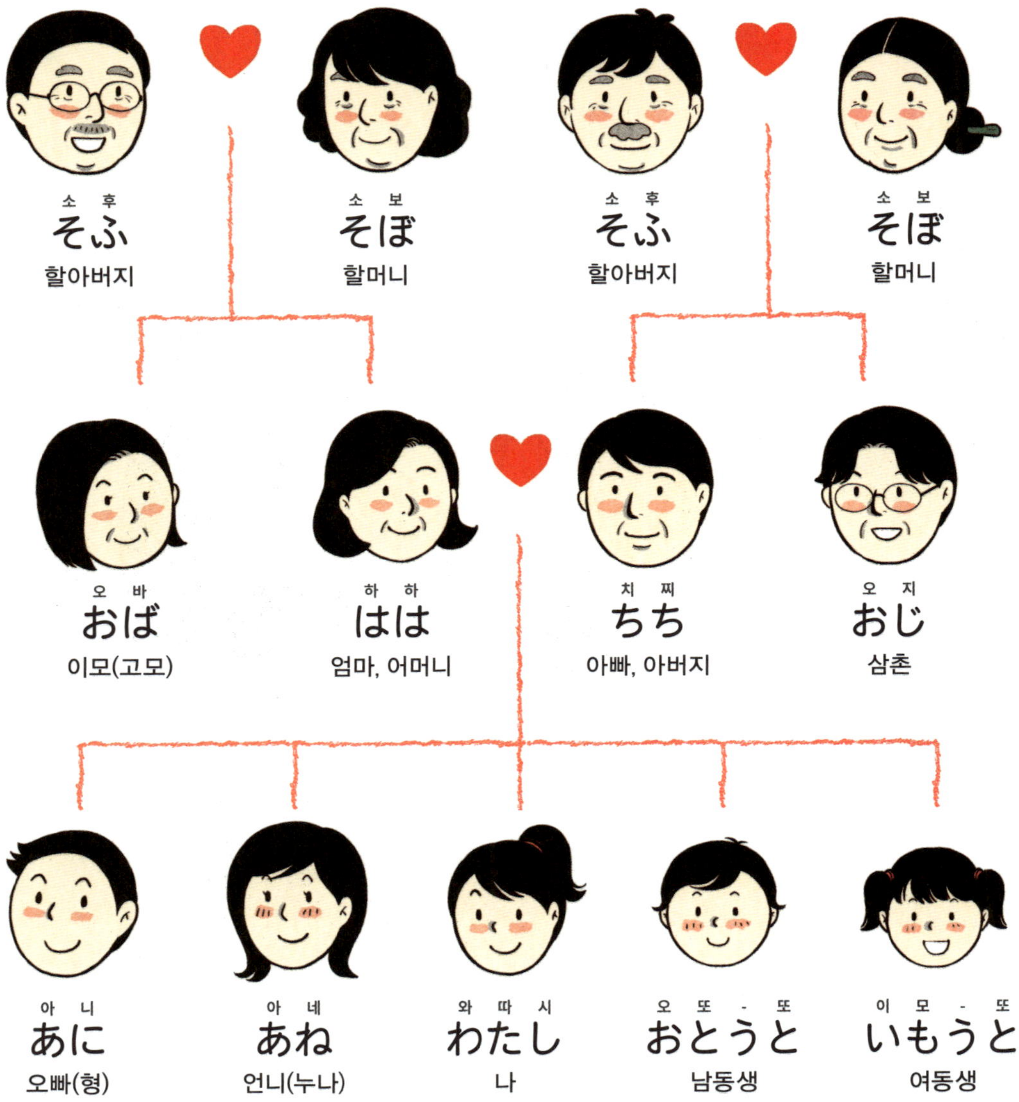

핵심 문형 체크

1 ハンサムですね。
한-사무데스네

잘생겼네요.

track 1-081

✓ な형용사

'예쁘다, 조용하다, 멋지다'처럼 인물이나 사물의 외관·성질·상태를 묘사하는 말을 '형용사'라고 합니다. 형용사는 '어간(語幹)'과 '어미(語尾)'로 이루어져 있고, 일본어에는 「な형용사」와 「い형용사」가 있습니다. 예를 들어 「ひまだ」라는 「な형용사」의 어간은 「ひま」이며, 뒷부분인 「だ」가 어미입니다. 어미 「だ」는 「です / じゃ ありません」 등으로 활용을 하지만, 어간은 형태가 바뀌지 않습니다.

ひまだ 한가하다 (기본형) = ひま 어간 (활용X) + だ 어미 (활용O)

きれいだ	예쁘다, 깨끗하다	たいせつだ	소중하다	ひまだ	한가하다
げんきだ	활달하다	だいじょうぶだ	괜찮다	べんりだ	편리하다
しんせつだ	친절하다	たいへんだ	힘들다, 큰일이다	すきだ	좋아하다
すてきだ	멋지다, 근사하다	ハンサムだ	잘생기다	きらいだ	싫다, 싫어하다

✓ な형용사의 정중형

「ひまだ」는 '한가하다'라는 뜻의 「な형용사」의 기본형입니다. 어간 「ひま」는 그대로 두고 어미 「だ」를 「です」로 바꾸면 '한가합니다'라는 정중한 표현이 됩니다. 명사와 마찬가지로 「です」에 「か」를 붙이면 의문문이 되고, 「ね」를 붙이면 상대방의 동의를 구하거나 감탄하는 뜻이 됩니다.

ひまだ 한가하다 → ひまです 한가합니다

キムさんは しんせつです。 김 씨는 친절합니다.

はなが きれいです。 꽃이 예쁩니다.

しごとは たいへんですか。 일은 힘듭니까?

> **! TIP**
> 「きれいだ」는 예쁘다는 뜻으로 많이 쓰이지만, 건물이나 방이 깨끗할 때, 경치가 아름다울 때도 씁니다.
> へやが きれいです。
> 방이 깨끗합니다.
> ハンラサンは きれいです。
> 한라산은 경치가 좋습니다.

> **! TIP**
> 「〜が」는 우리말의 조사 '〜이/가'에 해당합니다.

> **★ 단어**
> はな 꽃
> しごと 일

핵심 문형 체크

2 ハンサムじゃ ありません。
_{한 사무 쟈 아리마셍}

잘생기지 않았습니다.

🎧 track 1-082

✓ な형용사의 부정형

「な형용사」의 어미 「だ」를 「じゃ ありません」으로 바꾸면 부정 표현이 됩니다.

> ひまだ 한가하다 → ひまじゃ ありません 한가하지 않습니다
> _{히마다   히마쟈 아리마셍}

しごとは たいへんじゃ ありません。 일은 힘들지 않습니다.
_{시고또와 타이헨쟈 아리마셍}

テストは かんたんじゃ ありません。 시험은 간단하지 않습니다.
_{테스또와 칸딴쟈 아리마셍}

⭐ 단어
- しごと 일
- たいへんだ 힘들다
- テスト 테스트, 시험
- かんたんだ 간단하다

---

3 まじめな ひとです。
_{마지메나 히또데스}

성실한 사람입니다.

🎧 track 1-083

✓ な형용사의 명사 수식형

「な형용사」가 명사의 앞에서 꾸며주는 역할을 할 때는 어미 「だ」를 「な」로 바꿉니다.

> まじめだ + ひと → まじめな ひと
> _{마지메다   히또   마지메나 히또}
> 성실하다 + 사람 → 성실한 사람

きれいな はなです。 예쁜 꽃입니다.
_{키레이나 하나데스}

これは かんたんな もんだいです。 이것은 간단한 문제입니다.
_{코레와 칸딴나 몬다이데스}

⭐ 단어
- はな 꽃
- きれいだ 예쁘다
- もんだい 문제

4 <ruby>그</ruby> <ruby>사람</ruby> その ひとは わたしの いもうとです。
그 사람은 나의 여동생입니다.

✓ この / その / あの / どの 이 / 그 / 저 / 어느

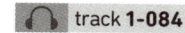

この	이	말하는 사람과 가까운 곳에 있을 때
その	그	상대방 쪽에 있을 때
あの	저	나와 상대방 모두로부터 떨어져 있을 때
どの	어느	여러 개 중에 어느 것

この ひとは わたしの ともだちです。 이 사람은 내 친구입니다.

どの けいたいが べんりですか。 어느 휴대폰이 편리합니까?

✓ 가족 호칭

일본에서는 본인 가족과 남의 가족에 대한 호칭이 다릅니다. 남에게 본인 가족에 대해 말할 때는 존칭인 「さん」을 붙이지 않습니다.

	나의 가족	남의 가족
할머니	そぼ	おばあさん
할아버지	そふ	おじいさん
엄마	はは	おかあさん
아빠	ちち	おとうさん
언니/누나	あね	おねえさん
오빠/형	あに	おにいさん
여동생	いもうと	いもうとさん
남동생	おとうと	おとうとさん
아내	つま	おくさん
남편	しゅじん	ごしゅじん
딸	むすめ	むすめさん
아들	むすこ	むすこさん

★ 단어
ひと 사람
ともだち 친구
けいたい 휴대폰
べんりだ 편리하다

❗ TIP
집에서 본인 가족을 부를 때는 존칭으로 부릅니다. '엄마'라고 부를 때는 「はは」가 아니라 「おかあさん」이라고 합니다. 부부끼리는 애칭으로 부르는 경우가 많고, 동생이나 자녀는 이름으로 부릅니다. 타인의 자녀에 대해 말할 때는 아들, 딸 상관없이 「おこさん(자녀분)」이라고 합니다.

핵심 문형 연습

○ な형용사의 정중형을 넣어서 말해 봅시다.　track **1-085**

きょうは　ひまです。
오늘은 한가합니다.

パクさんは　まじめです。
박 씨는 성실합니다.

へやが　きれいです。
방이 깨끗합니다.

しごとが　たいへんです。
일이 힘듭니다.

단어
きょう 오늘
ひまだ 한가하다
まじめだ 성실하다
へや 방
きれいだ 깨끗하다
しごと 일
たいへんだ 힘들다

○ な형용사의 부정형을 넣어서 말해 봅시다.　track **1-086**

やまださんは　しんせつじゃ　ありません。
야마다 씨는 친절하지 않습니다.

がっこうは　しずかじゃ　ありません。
학교는 조용하지 않습니다.

かれは　げんきじゃ　ありません。
그는 활달하지 않습니다.

もんだいは　かんたんじゃ　ありません。
문제는 간단하지 않습니다.

단어
しんせつだ 친절하다
がっこう 학교
しずかだ 조용하다
かれ 그, 그 남자
げんきだ 활달하다
もんだい 문제
かんたんだ 간단하다

○ な형용사의 명사 수식형을 넣어서 말해 봅시다. 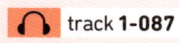 track 1-087

단어
ところ 곳, 장소
らくだ 편하다
ソファー 소파

ひまな にちようびです。
히마나 니치요-비데스
한가한 일요일입니다.

しずかな ところです。
시즈까나 토꼬로데스
조용한 곳입니다.

らくな ソファーです。
라꾸나 소화-데스
편한 소파입니다.

かれは まじめな ひとです。
카레와 마지메나 히또데스
그는 성실한 사람입니다.

○ この / その / あの / どの를 넣어서 말해 봅시다. 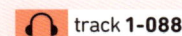 track 1-088
코노 소노 아노 도노

단어
ひと 사람
けいたい 휴대폰
べんりだ 편리하다
りょうり 요리

その ひとは わたしの いもうとです。
소노 히또와 와따시노 이모-또데스
그 사람은 나의 여동생입니다.

あの ひとは たなかさんの おねえさんです。
아노 히또와 타나까산-노 오네-산-데스
저 사람은 다나카 씨의 언니/누나입니다.

この けいたいは べんりです。
코노 케-따이와 벤-리데스
이 휴대전화는 편리합니다.

その りょうりは かんたんです。
소노 료-리와 칸-딴-데스
그 요리는 간단합니다.

UNIT 04　まじめな ひとです。

실전 회화 체크

🎧 천천히 읽기 track **1-089**　보통 읽기 track **1-090**

なかた　あの、それは かぞくしゃしんですか。

イセホ　はい、そうです。

なかた　この ひとは だれですか。

イセホ　その ひとは わたしの いもうとです。

なかた　いもうとさんは どんな ひとですか。

イセホ　いもうとは まじめな ひとです。

なかた　じゃ、この ひとは だれですか。

イセホ　わたしの おとうとです。

なかた　おとうとさん、ハンサムですね。

イセホ　いいえ、いいえ、ハンサムじゃ ありません。

⭐ **단어**

かぞくしゃしん 가족사진　だれ 누구　どんな 어떤

나카타	저, 그건 가족사진인가요?
이세호	네, 그래요.
나카타	이 사람은 누구인가요?
이세호	그 사람은 제 여동생이에요.
나카타	여동생 분은 어떤 사람인가요?
이세호	여동생은 성실한 사람입니다.
나카타	그럼, 이 사람은 누구인가요?
이세호	제 남동생입니다.
나카타	남동생 분, 잘생겼네요.
이세호	아뇨, 아뇨. 잘생기지 않았어요.

회화 무비

📍 새로 나온 표현

● あの、 저, 저기요

'아, 저기요' 정도에 해당하는 말로, 일본에서는 대화를 시작할 때 바로 본론을 말하지 않고 「あの」하고 뜸을 들이며 말을 꺼내는 경우가 대부분입니다. 이 표현은 특별한 뜻은 없지만 대화를 시작할 때 조심스럽게 상대방의 주의를 끄는 역할을 합니다.

● どんな 어떤

「どんな」는 '어떤'이라는 뜻입니다. '어떤 사람', '어떤 장소' 등 성격이나 외모, 가치 등을 물을 때 사용합니다.

 **연습 문제**

1 다음 단어를 한글은 일본어로, 일본어는 한글로 써 보세요.

① (나의) 남동생 _____

② 잘생기다 _____

③ 한가하다 _____

④ げんきだ _____

⑤ あね _____

⑥ かんたんだ _____

2 다음과 같이 대답해 보세요.

　　　　　A: へやは　きれいですか。
　　　　　B: はい、きれいです。
　　　　　　 いいえ、きれいじゃ　ありません。

① A: やまださん、だいじょうぶですか。
　 B: はい、_____。
　 　 いいえ、_____。

② A: おしごとは　たいへんですか。
　 B: はい、_____。
　 　 いいえ、_____。

③ A: この　けいたいは　べんりですか。
　 B: はい、_____。
　 　 いいえ、_____。

3 다음과 같이 문장을 만들어 보세요.

> しんせつだ ＋ ひと → かのじょは しんせつな ひとです。

① すてきだ ＋ ともだち → かのじょは ＿＿＿＿＿＿＿＿＿＿＿＿＿＿＿。
② まじめだ ＋ がくせい → かれは ＿＿＿＿＿＿＿＿＿＿＿＿＿＿＿＿＿。
③ げんきだ ＋ ひと → キムさんは ＿＿＿＿＿＿＿＿＿＿＿＿＿＿＿。

4 다음 빈칸에 들어갈 알맞은 말을 쓰세요.

① ＿＿＿＿＿＿＿ですか。　괜찮습니까?
② しごとは たいへん ＿＿＿＿＿＿＿＿＿＿＿。　일은 힘들지 않습니다.
③ ＿＿＿＿ もんだいは ＿＿＿＿＿＿です。　이 문제는 간단합니다.
④ ＿＿＿＿ しゃしんは ＿＿＿＿＿＿な しゃしんです。　그 사진은 멋진 사진입니다.

5 다음을 잘 듣고 대답으로 알맞은 것을 골라 보세요.　track **1-091**

> A: この ひとは だれですか。
> B: ＿＿＿＿＿＿＿＿＿。

① ☐　② ☐　③ ☐

반말은 어떻게 할까요

track **1-092**

「な형용사」의 반말은 명사의 반말과 형태가 거의 같습니다. 실제 회화에서는 기본형에서 「だ」를 빼고 말합니다. 물어볼 때는 명사와 마찬가지로 말끝을 올립니다.

「な형용사」의 부정형 「じゃ ありません」을 「じゃ ない」로 고치면 반말이 됩니다.

05 UNIT

あの あかい かばん、かわいいですね。
아노 아까이 카방- 카와이-데스네

저 빨간 가방, 예쁘네요.

학습 내용

- い형용사
- い형용사의 정중형
- い형용사의 부정형
- い형용사의 명사 수식형
- 가격 묻기
- 큰 수 읽기

동영상 강의

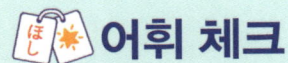 **어휘 체크**

그림을 보며 앞으로 배우게 될 어휘를 익혀 보세요.

 track **1-093**

아 마 이
あまい
달다

카 라 이
からい
맵다

니 가 이
にがい
쓰다

습 - 빠 이
すっぱい
시다

오 이 시 -
おいしい
맛있다

시 로 이
しろい
희다

쿠 로 이
くろい
검다

아 까 이
あかい
빨갛다

아 오 이
あおい
파랗다

핵심 문형 체크

1 ^{타 까 이 데 스 네} **たかいですね。**
비싸네요.

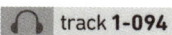 track **1-094**

✅ い형용사

「い형용사」는 「い」로 끝나는 형용사로, 「な형용사」와 마찬가지로 '어간'과 '어미'로 이루어져 있으며, 인물이나 사물의 외관·성질·상태를 나타냅니다. 예를 들어 「おいしい」라는 「い형용사」의 어간은 「おいし」이며, 맨마지막의 「い」가 어미입니다.

^{오이시-} **おいしい** 맛있다 (기본형) = ^{오이시} **おいし** 어간 (활용X) + ^이 **い** 어미 (활용O)

^{오-끼-} **おおきい**	크다	^{아쯔이} **あつい**	뜨겁다, 덥다	^{히꾸이} **ひくい**	낮다
^{나가이} **ながい**	길다	^{아까루이} **あかるい**	밝다	^{후루이} **ふるい**	낡다
^{타까이} **たかい**	높다, 비싸다	^{치-사이} **ちいさい**	작다	^{사무이} **さむい**	춥다
^{아따라시-} **あたらしい**	새롭다	^{미지까이} **みじかい**	짧다	^{쿠라이} **くらい**	어둡다

✅ い형용사의 정중형

「い형용사」인 「おいしい」에 「です」를 붙이면 '맛있습니다'라는 정중한 표현이 됩니다. 「です」에 「か」를 붙이면 의문문이 되고, 「ね」는 상대방의 동의를 구하거나 감탄할 때 붙입니다.

^{오이시-} **おいしい** 맛있다 → ^{오이시-데스} **おいしいです** 맛있습니다

^{카이샤와 치까이데스}
かいしゃは ちかいです。 회사는 가깝습니다.

^{키무찌와 카라이데스까}
キムチは からいですか。 김치는 맵나요?

^{세가 타까이데스네}
せが たかいですね。 키가 크네요.

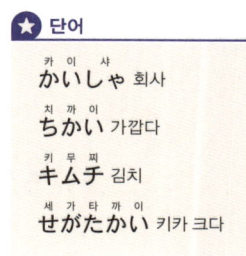

⭐ 단어

^{카이샤} **かいしゃ** 회사
^{치까이} **ちかい** 가깝다
^{키무찌} **キムチ** 김치
^{세가 타까이} **せが たかい** 키가 크다

핵심 문형 체크

2 たかく ありませんね。
타까꾸 아리마센-네
비싸지 않네요.

✓ い형용사의 부정형

🎧 track 1-095

「い형용사」의 어미「い」를「～く ありません」으로 바꾸면 정중한 부정 표현이 됩니다.

> おいしい 맛있다 → おいしく ありません 맛있지 않습니다
> 오이시- / 오이시꾸 아리마셍-

しおは あまく ありません。 소금은 달지 않습니다.
시오와 아마꾸 아리마셍-

ゆきは くろく ありません。 눈은 검지 않습니다.
유끼와 쿠로꾸 아리마셍-

きょうの てんきは よく ありません。 오늘 날씨는 좋지 않습니다.
쿄-노 텡-끼와 요꾸 아리마셍-

! TIP
'좋다'라는 뜻의「いい」는 활용에 주의해야 합니다. '좋습니다'는「いいです」이지만, '좋지 않습니다'는「いく ありません」이 아니라「よく ありません」이라고 합니다.

★ 단어
しお 소금
てんき 날씨
いい/よい 좋다

3 あの あかい かばん かわいいですね。
아노 아까이 카방- 카와이-데스네
저 빨간 가방 예쁘네요.

✓ い형용사의 명사 수식형

🎧 track 1-096

「い형용사」가 명사의 앞에서 수식할 때는 어미를 활용하지 않고 기본형 그대로 옵니다.

ふるい とけいです。 낡은 시계입니다.
후루이 토께-데스

あおい うみです。 푸른 바다입니다.
아오이 우미데스

いい ひとです。 좋은 사람입니다.
이- 히또데스

! TIP
보통「かわいい」는 '귀엽다',「きれいだ」는 '예쁘다'라는 의미로 알고 있지만, 둘 다 '예쁘다'라는 뜻으로 많이 쓰입니다.

★ 단어
かわいい 귀엽다, 예쁘다
ふるい 낡다, 오래되다
とけい 시계
うみ 바다

4

A: **いくらですか。** 얼마입니까?
   (이꾸라데스까)

B: **きゅうせんえんです。** 구천 엔입니다.
   (큐-셍-엔-데스)

✓ 가격 묻기

「いくらですか」는 '얼마입니까?'라는 의미로, 가격을 묻는 정중한 표현입니다.

A: あの パンは いくらですか。 저 빵은 얼마입니까?
   (아노 팡-와 이꾸라데스까)

B: あの パンは さんびゃくえんです。 저 빵은 300엔입니다.
   (아노 팡-와 삼-뱌꾸엔-데스)

TIP
일본의 화폐 단위는 「えん(円)」입니다. 한국의 화폐인 '원'은 「ウォン」, 달러는 「ドル」라고 합니다.

단어
いくら 얼마
パン 빵

✓ 큰 수 읽기

100	200	300	400	500
ひゃく (햐꾸)	にひゃく (니햐꾸)	さんびゃく (삼-뱌꾸)	よんひゃく (용-햐꾸)	ごひゃく (고햐꾸)
600	700	800	900	
ろっぴゃく (롭-뺘꾸)	ななひゃく (나나햐꾸)	はっぴゃく (합-뺘꾸)	きゅうひゃく (큐-햐꾸)	

1000	2000	3000	4000	5000
せん (셍-)	にせん (니셍-)	さんぜん (산-젱-)	よんせん (욘셍-)	ごせん (고셍-)
6000	7000	8000	9000	
ろくせん (록-셍-)	ななせん (나나셍-)	はっせん (핫-셍-)	きゅうせん (큐-셍-)	

10000	20000	30000	40000	50000
いちまん (이치망-)	にまん (니망-)	さんまん (삼-망-)	よんまん (욤-망-)	ごまん (고망-)
60000	70000	80000	90000	
ろくまん (로꾸망-)	ななまん (나나망-)	はちまん (하치망-)	きゅうまん (큐-망-)	

📝 핵심 문형 연습

○ い형용사의 정중형을 넣어서 말해 봅시다.　　🎧 track 1-098

^{세 가　타 까 이 데 스}
せが　たかいです。
키가 큽니다.

^{나 쯔 와　아 쯔 이 데 스}
なつは　あついです。
여름은 덥습니다.

^{소 라 가　아 오 이 데 스}
そらが　あおいです。
하늘이 파랗습니다.

^{라 - 멩 - 와　오 이 시 - 데 스 까}
ラーメンは　おいしいですか。
라면은 맛있습니까?

⭐ 단어
- せがたかい 키가 크다
- なつ 여름
- あつい 뜨겁다, 덥다
- そら 하늘
- あおい 파랗다, 푸르다
- ラーメン 라면
- おいしい 맛있다

○ い형용사의 부정형을 넣어서 말해 봅시다.　　🎧 track 1-099

^{시 오 와　아 마 꾸　아 리 마 셍 -}
しおは　あまく　ありません。
소금은 달지 않습니다.

^{하 와 이 와　사 무 꾸　아 리 마 셍 -}
ハワイは　さむく　ありません。
하와이는 춥지 않습니다.

^{코 노　키 무 찌 와　카 라 꾸　아 리 마 셍 -}
この　キムチは　からく　ありません。
이 김치는 맵지 않습니다.

^{소 노　파 소 꽁 - 와　타 까 꾸　아 리 마 셍 -}
その　パソコンは　たかく　ありません。
그 컴퓨터는 비싸지 않습니다.

⭐ 단어
- しお 소금
- あまい 달다
- ハワイ 하와이
- さむい 춥다
- キムチ 김치
- からい 맵다
- パソコン pc, 개인용 컴퓨터
- たかい 비싸다

○ い형용사의 명사 수식형을 넣어서 말해 봅시다. 🎧 track 1-100

_{사 무 이   후 유 데 스}
さむい　ふゆです。
추운 겨울입니다.

_{히 로 이   헤 야 데 스}
ひろい　へやです。
넓은 방입니다.

_{후 루 이   케 - 따 이 데 스}
ふるい　けいたいです。
낡은 휴대전화입니다.

_{오 이 시 -   케 - 끼 데 스}
おいしい　ケーキです。
맛있는 케이크입니다.

⭐ 단어

_{후 유} ふゆ 겨울
_{히 로 이} ひろい 넓다
_{헤 야} へや 방
_{후 루 이} ふるい 낡다, 오래되다
_{케 - 따 이} けいたい 휴대폰
_{케 - 끼} ケーキ 케이크

○ 가격에 대해 묻고 답해 봅시다. 🎧 track 1-101

_{이 꾸 라 데 스 까}
A: **いくらですか。** 얼마입니까?

_{고 햐 꾸   엔 - 데 스}
B: **ごひゃく　えんです。** 500엔입니다.

_{산 - 젠 -   삼 - 뱌 꾸   도루데스}
　さんぜん　さんびゃく　ドルです。 3300달러입니다.

_{합 - 뺘 꾸   하치쥬 - 망 -   원 - 데 스}
　はっぴゃく　はちじゅうまん　ウォンです。 880만 원입니다.

_{니 만 -   록 센 -   삼 뱌 꾸   엔 - 데 스}
　にまん　ろくせん　さんびゃく　えんです。 26300엔입니다.

⭐ 단어

_{이 꾸 라} いくら 얼마
_엔 えん 엔
_{도 루} ドル 달러
_원 ウォン 원

UNIT 05　あの　あかい　かばん、かわいいですね。

실전 회화 체크

천천히 읽기 track **1-102**   보통 읽기 track **1-103**

てんいん　いらっしゃいませ。

なかた　あの あかい かばん かわいいですね。

ゆき　そうですね。
　　　すみません。あの あかい かばん、いくらですか。

てんいん　にまん ななせんえんです。

ゆき　たかいですね。

なかた　その くろい かばんは いくらですか。

てんいん　これは きゅうせんえんです。

ゆき　それは たかく ありませんね。
　　　じゃ、くろい かばん ください。

⭐ 단어

いらっしゃいませ 어서 오세요　そうですね 그렇네요

점원	어서 오세요.
나카타	저 빨간 가방 예쁘네요.
유키	그렇네요. 실례합니다. 저 빨간 가방, 얼마인가요?
점원	27000엔입니다.
유키	비싸네요.
나카타	그 검은 가방은 얼마입니까?
점원	이것은 9000엔입니다.
유키	그것은 비싸지 않네요. 그럼, 검은 가방 주세요.

회화 무비

📍 새로 나온 표현

● ^{이 랏 - 샤 이 마 세}
いらっしゃいませ 어서오세요

가게에 들어갔을 때 점원이 하는 인사말입니다.

● ^{스 미 마 셍 -}
すみません 실례합니다

'미안합니다'라는 뜻 외에도 다른 사람에게 말을 걸 때나 사람을 부를 때 '실례합니다'의 의미로 많이 쓰입니다.

● ^{쿠 다 사 이}
ください 주세요

「명사 + ください」의 형태로 쓰이는데, 명사에 해당하는 것을 달라고 요구할 때 쓰는 부드러운 명령어입니다.

 **연습 문제**

정답 p.210

1 다음 단어를 한글은 일본어로, 일본어는 한글로 써 보세요.

① 가깝다 _____   ④ とおい _____

② 크다 _____   ⑤ くろい _____

③ 맵다 _____   ⑥ おいしい _____

2 다음과 같이 대답해 보세요.

> A: その　ケーキは　おいしいですか。
> B: はい、おいしいです。
> 　　いいえ、おいしく　ありません。

① A: この　かばんは　たかいですか。
　B: はい、_____。
　　いいえ、_____。

② A: あの　えいがは　おもしろいですか。
　B: はい、_____。
　　いいえ、_____。

③ A: かいしゃは　ちかいですか。
　B: はい、_____。
　　いいえ、_____。

3 다음과 같이 문장을 만들어 보세요.

> ちいさい + かばん → <u>ちいさい かばん</u>です。

① さむい + ふゆ → _____ 。

② おもしろい + ほん → _____ 。

③ たかい + とけい → _____ 。

4 다음 빈칸에 들어갈 알맞은 말을 써 보세요.

① へやは _____ですか。 방은 넓습니까?

② てんきが _____ 。 날씨가 좋지 않습니다.

③ _____ ラーメンです。 매운 라면입니다.

④ その かばんは _____ えんです。 그 가방은 6800엔입니다.

5 다음을 잘 듣고 내용과 일치하는 것을 골라 보세요.   track **1-104**

① セホさんの かばんは おおきく ありません。( )

② セホさんの かばんは おおきいです。( )

반말은 어떻게 할까요

track **1-105**

오이시-
おいしい。
맛있어.

코레와 야스이
これは やすい。
이것은 값이 싸.

소노 히또와
その ひとは
세가 타까이
せが たかい(↑)。
그 사람은 키가 커?

텡-끼가 요꾸 나이
てんきが よく ない。
날씨가 좋지 않아.

코노 에-가와
この えいがは
오모시로꾸 나이
おもしろく ない。
이 영화는 재미있지 않아.

도-
どう(↑)。
카라꾸 나이
からく ない(↑)。
어때? 맵지 않아?

06 UNIT
海が きれいで、あつい ところです。
바다가 예쁘고 더운 곳입니다.

학습내용

- な형용사의 연결형
- い형용사의 연결형
- ~을/를 ~합니다 ~가 ~です
- 비교하기(질문) ~と ~と どちらが ~ですか
- 비교하기(대답) ~より ~の ほうが ~です

동영상 강의

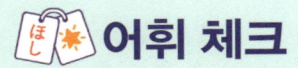 **어휘 체크**

그림을 보며 앞으로 배우게 될 어휘를 익혀 보세요.

 track **1-106**

うんどう 운동	**サッカー** 축구	**テニス** 테니스

すいえい 수영	**うんてん** 운전	**りょこう** 여행

べんきょう 공부	**そうじ** 청소	**りょうり** 요리

핵심 문형 체크

1 海が きれいで、あつい ところです。
바다가 예쁘고 더운 곳입니다.

✓ な형용사의 연결형

track 1-107

「な형용사」로 두 문장을 연결할 때는 어미 「だ」를 「で」로 바꿉니다.

> きれいだ 예쁘다 + しんせつだ 친절하다 → きれいで、しんせつだ 예쁘고 친절하다

かれは ハンサムで、まじめです。
그는 잘생겼고 성실합니다.

やすみは ひまで、楽です。
휴일은 한가하고 편합니다.

! TIP
「명사」와 「な형용사」는 연결 형태가 같습니다.
日本人で 学生です。
일본인이고 학생입니다.
ひまで 楽です。
한가하고 편합니다.

---

2 さむくて、雪が おおい ところです。
춥고 눈이 많은 곳입니다.

✓ い형용사의 연결형

track 1-108

「い형용사」로 두 문장을 연결할 때는 어미 「い」를 「くて」로 바꿉니다.

> おいしい 맛있다 + 高い 비싸다 → おいしくて、高い 맛있고 비싸다

私の へやは せまくて くらいです。
내 방은 좁고 어둡습니다.

この かばんは 新しくて 高いです。
이 가방은 새것이고 비쌉니다.

★ 단어
おおい 많다
せまい 좁다
くらい 어둡다
新しい 새롭다

핵심 문형 체크

3. どちらが 好きですか。
어느 쪽을 좋아합니까?

track 1-109

✓ **〜が 〜です** 〜을/를 〜합니다

「〜が 好きです」라고 하면 '〜을/를 좋아합니다'라는 의미가 됩니다. 조사 「が」는 원래 '〜이/가'로 해석되지만, 이 경우에는 '〜을/를'로 해석하는 것이 자연스럽습니다.

〜が 〜을/를	好きです	좋아합니다
	きらいです	싫어합니다
	上手です	잘합니다, 능숙합니다
	下手です	잘 못합니다, 서툽니다

私は りょこうが 好きです。
나는 여행을 좋아합니다.

父は うんてんが きらいです。
아빠는 운전을 싫어합니다.

妹は うんどうが 上手です。
여동생은 운동을 잘합니다.

弟は すいえいが 下手です。
남동생은 수영을 잘 못합니다.

단어
- りょこう 여행
- うんてん 운전
- うんどう 운동
- すいえい 수영

4 北海道と 沖縄と どちらが 好きですか。
훗카이도와 오키나와 중 어느 쪽을 좋아합니까?

～と ～と どちらが ～ですか ～와 ～ 중 어느 쪽을 ～합니까?

두 가지 이상을 비교할 때는 「～と ～と どちらが ～ですか」라고 합니다.

日本語と 英語と どちらが 好きですか。
일본어와 영어 중 어느 쪽을 좋아합니까?

サッカーと テニスと どちらが 上手ですか。
축구와 테니스 중 어느 쪽을 잘합니까?

단어
北海道 훗카이도(지명)
沖縄 오키나와(지명)
日本語 일본어
英語 영어
サッカー 축구
テニス 테니스

5 沖縄より 北海道の ほうが 好きです。
오키나와보다 훗카이도 쪽을 좋아합니다.

～より ～の ほうが ～です ～보다 ～쪽을 ～합니다

「～より」는 '～보다'라는 뜻이고, 「～ほう」는 '～쪽'이라는 뜻으로, 「명사＋の ほうが」의 형태로 많이 쓰입니다.

英語より 日本語の ほうが 好きです。
영어보다 일본어 쪽을 좋아합니다.

サッカーの ほうが テニスより 上手です。
축구 쪽을 테니스보다 잘합니다.

TIP
「～より」와 「～の ほうが」는 순서를 바꾸어도 됩니다.

📝 핵심 문형 연습

○ な형용사의 연결형을 넣어서 말해 봅시다.　　🎧 track 1-112

海が きれいで、あつい ところです。
바다가 예쁘고, 더운 곳입니다.

まじめで、しんせつな 人です。
성실하고 친절한 사람입니다.

山が すてきで、しずかな ところです。
산이 멋지고 조용한 곳입니다.

楽で、広い ソファーです。
편하고 넓은 소파입니다.

단어
- まじめだ 성실하다
- しんせつだ 친절하다
- 山(やま) 산
- すてきだ 멋지다
- しずかだ 조용하다
- 広(ひろ)い 넓다
- ソファー 소파

○ い형용사의 연결형을 넣어서 말해 봅시다.　　🎧 track 1-113

さむくて、雪が きれいな ところです。
춥고, 눈이 예쁜 곳입니다.

甘くて、おいしい お菓子です。
달고 맛있는 과자입니다.

やさしくて、まじめな 人です。
상냥하고 성실한 사람입니다.

新しくて、大きい 車です。
새것이고 큰 자동차입니다.

단어
- さむい 춥다
- 甘(あま)い 달다
- お菓子(かし) 과자
- やさしい 상냥하다, 친절하다
- 新(あたら)しい 새롭다
- 大(おお)きい 크다
- 車(くるま) 차, 자동차

○ ～が ～です를 넣어서 말해 봅시다.　🎧 track 1-114

父は そうじが 好きです。
아빠는 청소를 좋아합니다.

母は りょうりが きらいです。
엄마는 요리를 싫어합니다.

妹は うんてんが 上手です。
여동생은 운전을 잘합니다.

弟は すいえいが 下手です。
남동생은 수영을 잘 못합니다.

단어
そうじ 청소
りょうり 요리
うんてん 운전
すいえい 수영

○ 두 가지 대상을 비교해 질문하고 대답해 봅시다.　🎧 track 1-115

A: コーヒーと ジュースと どちらが 好きですか。
커피와 주스 중 어느 쪽을 좋아합니까?

B: ジュースより コーヒーの ほうが 好きです。
주스보다 커피 쪽을 좋아합니다.

A: キムさんと パクさんと どちらが せが 高いですか。
김 씨와 박 씨 중 어느 쪽이 키가 큽니까?

B: パクさんの ほうが キムさんより せが 高いです。
박 씨 쪽이 김 씨보다 키가 큽니다.

단어
せが高い 키가 크다

UNIT 06　海が きれいで、あつい ところです。

💬 실전 회화 체크

🎧 천천히 읽기 track **1-116** 보통 읽기 track **1-117**

キムジウ　ゆきさん、北海道（ほっかいどう）は どんな ところですか。

ゆき　　　さむくて、雪（ゆき）が おおい ところです。

キムジウ　じゃ、沖縄（おきなわ）は どんな ところですか。

ゆき　　　海（うみ）が きれいで、あつい ところですよ。

キムジウ　ゆきさんは 北海道（ほっかいどう）と 沖縄（おきなわ）と どちらが 好（す）きですか。

ゆき　　　わたしは 北海道（ほっかいどう）より 沖縄（おきなわ）の ほうが 好（す）きです。
　　　　　ジウさんは どちらが 好（す）きですか。

キムジウ　わたしは あついのが きらいです。
　　　　　それで 沖縄（おきなわ）より 北海道（ほっかいどう）の ほうが 好（す）きですね。

⭐ 단어

北海道（ほっかいどう） 홋카이도(지명)　どんな 어떤　沖縄（おきなわ） 오키나와(지명)　それで 그래서

김지우	유키 씨, 홋카이도는 어떤 곳인가요?
유키	춥고, 눈이 많은 곳이에요.
김지우	그럼, 오키나와는 어떤 곳인가요?
유키	바다가 예쁘고, 더운 곳입니다.
김지우	유키 씨는 홋카이도와 오키나와 중 어느 쪽을 좋아하세요?
유키	저는 홋카이도보다 오키나와 쪽을 좋아해요. 지우 씨는 어느 쪽이 좋아요?
김지우	저는 더운 것을 싫어해요. 그래서 오키나와보다 홋카이도가 좋습니다.

회화 무비

새로 나온 표현

● ところですよ   곳이에요

상대가 모르는 정보를 알려줄 때 말끝에 「よ」를 붙입니다. 너무 자주 쓰면 가르치고 간섭하는 느낌이 드니, 상황에 맞게 적절히 쓰는 편이 좋습니다.

● あついの   더운 것

「の」가 형용사「あつい」에 접속한 형태로, '~(한) 것'이라는 뜻의 명사가 됩니다.

예 かばんは あかいのより くろいのが 好(す)きです。   가방은 빨간 것보다 검은 것이 좋습니다.

● それで   그래서

'그래서', '그런 까닭으로'라는 뜻으로, 앞의 내용이 원인이나 이유가 되어 뒤의 결과나 결론을 이끌어낼 때 사용하는 표현입니다.

UNIT 06   海が きれいで、あつい ところです。

 **연습 문제** 정답 p.210

1 다음 단어를 한글은 일본어로, 일본어는 한글로 써 보세요.

① 예쁘다, 깨끗하다 _____   ④ 新しい _____

② 덥다 _____   ⑤ 好きだ _____

③ 잘하다 _____   ⑥ せまい _____

2 다음과 같이 문장을 만들어 보세요.

> ハンサムだ ＋ しんせつだ → ハンサムで、しんせつです。
> 高い ＋ 新しい → 高くて 新しいです。

① 有名だ ＋ にぎやかだ → _____。

② まじめだ ＋ 元気だ → _____。

③ さむい ＋ くらい → _____。

④ 辛い ＋ おいしい → _____。

3 다음과 같이 대답해 보세요.

> A: いちごと りんごと どちらが 好きですか。
> B: <u>りんごより いちごの ほうが 好きです</u>。

① A: けいたいと パソコンと どちらが べんりですか。
　 B: _____。

② A: イさんと キムさんと どちらが うんどうが 上手ですか。
　 B: _____。

③ A: かばんと 本と どちらが 大きいですか。
　 B: _____。

4 다음 빈칸에 들어갈 알맞은 말을 써 보세요.

① ゆきは まじめ_____、べんきょうも _____です。　유키는 성실하고, 공부도 잘합니다.

② かれは あたまが _____、せが _____です。　그는 머리가 좋고, 키가 큽니다.

③ 私は うんてん_____ きらいで、うんどうも _____です。
　 나는 운전을 싫어하고, 운동도 잘 못합니다.

④ サッカー_____ テニス_____ どちらが _____ですか。
　 축구와 테니스 중 어느 쪽을 좋아합니까?

5 다음을 잘 듣고 내용과 일치하는 것을 골라 보세요.　　🎧 track **1-118**

① はなこさんは ハンバーガーの ほうが ピザより 好きです。（　）

② はなこさんは ピザが 好きで ハンバーガーは きらいです。（　）

반말은 어떻게 할까요

track **1-119**

おんがくが 好(す)き。
음악이 좋아.

うんどうは きらい。
운동은 싫어.

英語(えいご)は 上手(じょうず)じゃ ない。
영어는 잘하지 못 해.

ダンスは 下手(へた)じゃ ない。
춤은 못 추지 않아.

07 UNIT

とても
楽(たの)しかったです。
굉장히 즐거웠습니다.

학습내용
- な형용사의 과거형
- な형용사의 과거부정형
- い형용사의 과거형
- い형용사의 과거부정형
- ここ / そこ / あそこ / どこ
- 최상급 ～の (中(なか)で) ～が 一番(いちばん)

동영상 강의

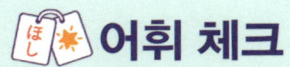 **어휘 체크**

그림을 보며 앞으로 배우게 될 어휘를 익혀 보세요.

 track 1-120

がっこう
学校
학교

かいしゃ
会社
회사

デパート
백화점

ホテル
호텔

ぎんこう
은행

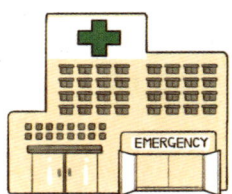
びょういん
병원

えいがかん
영화관

こうえん
공원

まち
길, 거리

핵심 문형 체크

1. 楽でした。
편했습니다.

✓ な형용사의 과거형

「な형용사」의 어미 「だ」를 「でした」로 바꾸면 과거형이 됩니다. 뒤에 「か」를 붙이면 의문문이 됩니다.

> ひまだ 한가하다 → ひまでした 한가했습니다

しごとは たいへんでした。 일은 힘들었습니다.

週末は ひまでした。 주말은 한가했습니다.

ホテルは 楽でしたか。 호텔은 편했습니까?

🎧 track 1-121

! TIP
「명사」와 「な형용사」의 과거 정중 표현은 형태가 같습니다.

学生でした。
학생이었습니다.

ひまでした。
한가했습니다.

★ 단어
しごと 일
たいへんだ 힘들다
週末 주말

---

2. 不便じゃ ありませんでした。
불편하지 않았습니다.

✓ な형용사의 과거부정형

「な형용사」의 부정형 「~じゃ ありません」에 「でした」를 더하면 「~じゃ ありませんでした」라는 과거부정형이 됩니다.

> ひまだ 한가하다 → ひまじゃ ありませんでした 한가하지 않았습니다

へやは きれいじゃ ありませんでした。 방은 깨끗하지 않았습니다.

こうつうは 便利じゃ ありませんでした。 교통은 편리하지 않았습니다.

🎧 track 1-122

★ 단어
不便だ 불편하다
こうつう 교통
便利だ 편리하다

UNIT 07 とても 楽しかったです。

핵심 문형 체크

3 とても 楽(たの)しかったです。
굉장히 즐거웠습니다.

🎧 track 1-123

✓ い형용사의 과거형

「い형용사」의 어미 「い」를 「かったです」로 바꾸면 과거형이 됩니다. 말끝에 「か」를 붙이면 의문문이 됩니다.

> おいし**い** 맛있다 → おいし**かったです** 맛있었습니다

昨日(きのう)は あつ**かったです**。 어제는 더웠습니다.

ラーメンは おいし**かったです**。 라면은 맛있었습니다.

コンサートは 楽(たの)し**かったですか**。 콘서트는 즐거웠습니까?

⭐ 단어
とても 굉장히, 아주
楽(たの)しい 즐겁다, 재미있다
コンサート 콘서트, 공연

4 人(ひと)は 多(おお)く ありませんでしたか。
사람은 많지 않았습니까?

🎧 track 1-124

✓ い형용사의 과거부정형

「い형용사」의 부정 표현인 「~く ありません」에 「でした」를 붙이면 「~く ありませんでした」라는 과거부정형이 됩니다. 말끝에 「か」를 붙이면 의문문이 됩니다.

> おいし**い** 맛있다 → おいし**く ありませんでした** 맛있지 않았습니다

ラーメンは 辛(から)**く ありませんでした**。 라면은 맵지 않았습니다.

えいがかんは 広(ひろ)**く ありませんでした**。 영화관은 넓지 않았습니다.

外(そと)は さむ**く ありませんでしたか**。 밖은 춥지 않았습니까?

⭐ 단어
えいがかん 영화관
広(ひろ)い 넓다
外(そと) 밖

5 京都の どこが 一番 よかったですか。
교토의 어디가 가장 좋았습니까?

✓ ここ / そこ / あそこ / どこ 여기 / 거기 / 저기 / 어디

track 1-125

ここ	여기	말하는 사람과 가까운 곳
そこ	거기	상대방 쪽
あそこ	저기	나와 상대방 모두로부터 떨어진 곳
どこ	어디	어느 방향, 어느 곳

ここは びょういんです。 여기는 병원입니다.

あそこは ぎんこうです。 저기는 은행입니다.

会社は どこですか。 회사는 어디입니까?

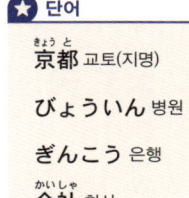

★ 단어

京都 교토(지명)

びょういん 병원

ぎんこう 은행

会社 회사

✓ ～の (中で) ～が 一番 ～ (중)에서 ～이 가장

최상급에 대해 말할 때는「～の 中で ～が 一番」의 형태를 많이 씁니다.「～の 中で」는 '～중에서',「一番」은 '가장, 제일'이란 뜻입니다.「中で」는 생략해서 말하기도 합니다.

食べ物の 中で 何が 一番 好きですか。
음식 중에서 무엇을 가장 좋아합니까?

映画の 中で 何が 一番 おもしろかったですか。
영화 중에서 무엇이 가장 재미있었습니까?

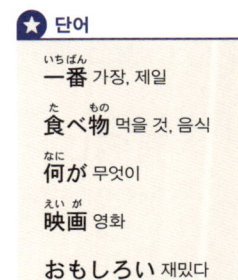

★ 단어

一番 가장, 제일

食べ物 먹을 것, 음식

何が 무엇이

映画 영화

おもしろい 재밌다

UNIT 07 とても 楽しかったです。

📝 핵심 문형 연습

○ **な**형용사의 과거형을 연습해 봅시다.  track **1-126**

⭐ 단어
- 大丈夫（だいじょうぶ）だ 괜찮다
- 元気（げんき）だ 건강하다, 활발하다
- 有名（ゆうめい）だ 유명하다
- まじめだ 성실하다

ひまでした。
한가했습니다.

ひまじゃ ありませんでした。
한가하지 않았습니다.

大丈夫（だいじょうぶ）でした。
괜찮았습니다.

大丈夫（だいじょうぶ）じゃ ありませんでした。
괜찮지 않았습니다.

元気（げんき）でした。
건강했습니다.

元気（げんき）じゃ ありませんでした。
건강하지 않았습니다.

有名（ゆうめい）でした。
유명했습니다.

有名（ゆうめい）じゃ ありませんでした。
유명하지 않았습니다.

まじめでした。
성실했습니다.

まじめじゃ ありませんでした。
성실하지 않았습니다.

○ **い形容사의 과거형을 연습해 봅시다.**

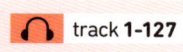 track **1-127**

おいしかったです。
맛있었습니다.

おいしく ありませんでした。
맛있지 않았습니다.

さむかったです。
추웠습니다.

さむく ありませんでした。
춥지 않았습니다.

あたたかかったです。
따뜻했습니다.

あたたかく ありませんでした。
따뜻하지 않았습니다.

おもしろかったです。
재미있었습니다.

おもしろく ありませんでした。
재미있지 않았습니다.

よかったです。
좋았습니다.

よく ありませんでした。
좋지 않았습니다.

★ 단어
あたたかい 따뜻하다
おもしろい 재미있다
いい/よい 좋다

UNIT 07 とても 楽しかったです。

💬 실전 회화 체크

🎧 천천히 읽기 track **1-128**　보통 읽기 track **1-129**

ゆき　　セホさん、お久しぶりですね。

　　　　京都の 旅行は どうでしたか。

イセホ　とても 楽しかったです。

ゆき　　京都の どこが 一番 よかったですか。

イセホ　金閣寺が 一番 よかったです。

ゆき　　人は 多く ありませんでしたか。

イセホ　多かったですが、不便じゃ ありませんでした。

ゆき　　ホテルは どうでしたか。

イセホ　広くて 楽でした。

⭐ 단어

お久しぶりですね 오랜만이네요　京都 쿄토(지명)　旅行 여행　どうでしたか 어땠습니까?　とても 굉장히, 아주
金閣寺 금각사　不便だ 불편하다

유키	세호 씨, 오랜만이네요. 교토 여행은 어땠어요?
이세호	굉장히 즐거웠어요.
유키	교토의 어디가 가장 좋았어요?
이세호	금각사가 가장 좋았습니다.
유키	사람은 많지 않았어요?
이세호	많았지만, 불편하지 않았어요.
유키	호텔은 어땠어요?
이세호	넓고 편했습니다.

회화 무비

📍 새로 나온 표현

● **お久しぶりですね** 오랜만이네요

오랜만에 만났을 때 하는 인사말입니다. 간단하게 「お久しぶり」라고도 합니다.

● **どうでしたか** 어땠습니까?

'어땠습니까?'라는 뜻으로, 여행처럼 어떠한 경험에 대한 소감이나 평가 등을 물을 때 사용합니다.

● **多かったですが** 많았지만

문장 끝에 「～が」를 붙이면 '~입니다만, ~였습니다만' 이라는 뜻의 역접을 나타냅니다.

 **연습 문제**

1 다음 단어를 한글은 일본어로, 일본어는 한글로 써 보세요.

① 호텔 _____   ④ 学校 _____

② 은행 _____   ⑤ こうえん _____

③ 불편하다 _____   ⑥ 楽しい _____

2 다음과 같이 대답해 보세요.

> A: 昨日、ひまでしたか。
> B: はい、<u>ひまでした</u>。
> 　　いいえ、<u>ひまじゃ ありませんでした</u>。

① A: デパートは にぎやかでしたか。
　 B: いいえ、_____。

② A: こうつうは 便利でしたか。
　 B: はい、_____。

③ A: ホテルは きれいでしたか。
　 B: いいえ、_____。

3 다음과 같이 대답해 보세요.

> A: ラーメンは おいしかったですか。
> B: はい、おいしかったです。
> 　　いいえ、おいしく ありませんでした。

① A: てんきは よかったですか。
　 B: いいえ、_____。

② A: 映画は おもしろかったですか。
　 B: いいえ、_____。

③ A: りょこうは 楽しかったですか。
　 B: はい、_____。

4 다음 빈칸에 들어갈 알맞은 말을 써 보세요.

① びょういんは _____ です。　병원은 저기입니다.

② ぎんこうは _____ ですか。　은행은 어디입니까?

③ 食べ物の 中で _____ が 一番 _____ ですか。
　 음식 중에서 무엇을 가장 좋아합니까?

④ 映画の 中で _____ が _____ おもしろかったですか。
　 영화 중에서 무엇이 가장 재미있었나요?

5 다음을 잘 듣고 내용과 일치하는 것을 골라 보세요.　　track **1-130**

① セホさんは やさいが 好きです。(　)

② セホさんは やさいが 好きじゃ ありません。(　)

UNIT 07　とても 楽しかったです。

반말은 어떻게 할까요

track **1-131**

「な형용사」의 과거형 「〜でした」의 반말은 「〜だった」입니다. 과거부정형 「〜じゃ ありませんでした」의 반말은 「〜じゃ なかった」입니다.

「い형용사」의 과거형 「〜かったです」에서 「です」를 빼면 반말이 됩니다. 과거부정형 「〜く ありませんでした」의 반말은 「〜く なかった」입니다.

08 テーブルの上(うえ)にあります。

UNIT

테이블 위에 있습니다.

학습내용

- 존재동사 あります / ありません
- 존재동사 います / いません
- 위치를 나타내는 말
- 조수사 ～階(かい)
- 사물을 세는 조수사
- 사람을 세는 조수사

동영상 강의

어휘 체크

그림을 보며 앞으로 배우게 될 어휘를 익혀 보세요.

track 1-132

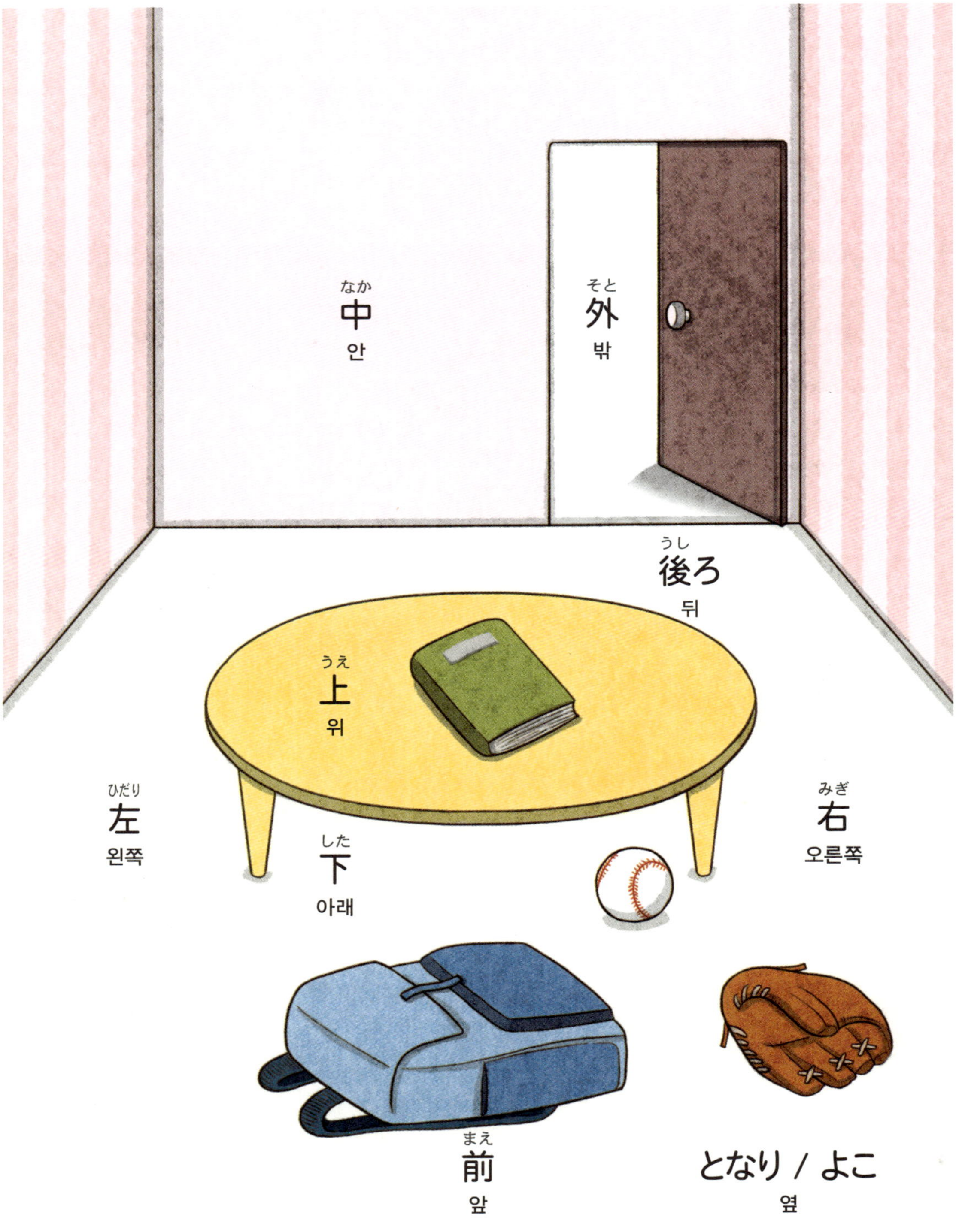

なか 中 / 안

そと 外 / 밖

うし 後ろ / 뒤

うえ 上 / 위

ひだり 左 / 왼쪽

した 下 / 아래

みぎ 右 / 오른쪽

まえ 前 / 앞

となり / よこ / 옆

124

핵심 문형 체크

1 お茶(ちゃ)も ありますか。
차도 있나요?

🎧 track 1-133

✅ **あります / ありません** 있습니다 / 없습니다

「あります」는 '있습니다, 존재합니다'라는 뜻의 동사입니다. 책상, 가방 등 스스로 움직일 수 없는 사물에 대해 말할 때 씁니다.

かばんが **あります**。 가방이 있습니다.

何(なに)も **ありません**。 아무것도 없습니다.

エレベーターが **ありますか**。 엘리베이터가 있습니까?

! TIP

「〜が ありません」은 '〜이/가 없습니다'이고, 「〜じゃ ありません」은 '〜이/가 아닙니다'라는 뜻입니다.

かばん**が ありません**。
가방이 없습니다.

かばん**じゃ ありません**。
가방이 아닙니다.

⭐ **단어**

何(なに)も 아무것도

エレベーター 엘리베이터

---

2 部長(ぶちょう)も いますか。
부장님도 있나요?

🎧 track 1-134

✅ **います / いません** 있습니다 / 없습니다

「います」도 「あります」와 마찬가지로 '있습니다, 존재합니다'라는 뜻의 동사인데, 사람이나 동물 등 스스로 움직일 수 있는 존재에 대해 씁니다.

学生(がくせい)が **います**。 학생이 있습니다.

ねこと 犬(いぬ)が **います**。 고양이와 개가 있습니다.

だれも **いませんか**。 아무도 없나요?

! TIP

「〜と」는 '〜과/와/랑'이라는 뜻으로 사람이나 사물을 둘 이상 열거할 때 쓰는 조사입니다.

⭐ **단어**

部長(ぶちょう) 부장님

ねこ 고양이

犬(いぬ) 개

だれも 아무도, 누구도

핵심 문형 체크

3 テーブルの 上に あります。
테이블 위에 있습니다.

🎧 track 1-135

✅ **위치를 나타내는 말**

「〜の 上に」는 '〜의 위에'라는 뜻인데, 여기서「の」는 꼭 해석을 하지 않아도 됩니다.「に」는 '〜에'라는 의미로 장소나 위치를 나타내는 조사입니다.

テーブルの 下に かばんが あります。 테이블 아래에 가방이 있습니다.

きょうしつの 中に だれも いません。 교실 안에 아무도 없습니다.

ぎんこうは びょういんの よこに あります。 은행은 병원 옆에 있습니다.

キムさんの となりに パクさんが います。 김 씨 옆에 박 씨가 있습니다.

> **TIP**
> 「あります / います」 둘 다 우리말로 하면 '있습니다'이지만, 일본어에서는 스스로 움직일 수 있는지, 없는지에 따라 구분하여 사용됩니다.

⭐ **단어**

テーブル 테이블
きょうしつ 교실
ぎんこう 은행
びょういん 병원

---

4 部長は 三階の じむしつに います。
부장님은 3층 사무실에 있습니다.

🎧 track 1-136

✅ **〜階 〜층**

건물의 높이를 나타내는 표현인 '〜층'은「〜階」라고 합니다. '몇 층'은「何階」라고 합니다.

1층	2층	3층	4층	5층
いっかい 一階	にかい 二階	さんがい 三階	よんかい 四階	ごかい 五階
6층	7층	8층	9층	10층
ろっかい 六階	ななかい 七階	はっかい 八階	きゅうかい 九階	じゅっかい 十階

A: トイレは 何階ですか。 화장실은 몇 층입니까?

B: トイレは 二階です。 화장실은 2층입니다.

⭐ **단어**

じむしつ 사무실
トイレ 화장실

5 一つ あります。
한 개 있습니다.

✓ 사물을 세는 조수사

숫자를 '일, 이, 삼'으로 셀 경우에는 「いち、に、さん」이라고 하지만, '하나, 둘, 셋' 혹은 '한 개, 두 개, 세 개'라고 사물의 갯수를 셀 때에는 다음과 같이 읽습니다. '몇 개'는 「いくつ」라고 합니다.

한 개	두 개	세 개	네 개	다섯 개
一つ(ひと)	二つ(ふた)	三つ(みっ)	四つ(よっ)	五つ(いつ)
여섯 개	일곱 개	여덟 개	아홉 개	열 개
六つ(むっ)	七つ(なな)	八つ(やっ)	九つ(ここの)	十(とお)

A: お菓子は いくつ ありますか。 과자는 몇 개 있습니까?

B: 八つ あります。 여덟 개 있습니다.

★ 단어
お菓子(かし) 과자
いくつ 몇 개

6 十人 います。
열 명 있습니다.

✓ 사람을 세는 조수사

사람을 셀 때 한 명은 「ひとり」, 두 명은 「ふたり」라고 읽고, 세 명부터는 숫자에 「~人」을 붙입니다. '몇 명'은 「何人(なんにん)」이라고 합니다.

한 명	두 명	세 명	네 명	다섯 명
一人(ひとり)	二人(ふたり)	三人(さんにん)	四人(よにん)	五人(ごにん)
여섯 명	일곱 명	여덟 명	아홉 명	열 명
六人(ろくにん)	七人(ななにん)	八人(はちにん)	九人(きゅうにん)	十人(じゅうにん)

A: かいぎしつに 人(ひと)が 何人(なんにん) いますか。 회의실에 사람이 몇 명 있습니까?

B: 六人(ろくにん) います。 여섯 명 있습니다.

★ 단어
かいぎしつ 회의실

핵심 문형 연습

○ あります / ありません을 넣어서 말해 봅시다.

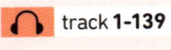 track **1-139**

えんぴつが あります。
연필이 있습니다.

けいたいは ありません。
휴대전화는 없습니다.

何が ありますか。
무엇이 있나요?

何も ありません。
아무것도 없습니다.

단어
えんぴつ 연필
けいたい 휴대전화
何が 무엇이
何も 아무것도

○ います / いません을 넣어서 말해 봅시다.

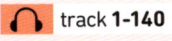 track **1-140**

ねこと 犬が います。
고양이와 개가 있습니다.

学生が いません。
학생이 없습니다.

だれが いますか。
누가 있나요?

だれも いません。
아무도 없습니다.

단어
ねこ 고양이
犬 개
だれが 누가
だれも 아무도

○ **위치**를 나타내는 단어와 **조수사**를 넣어서 말해 봅시다.

つくえの 上に えんぴつが あります。
책상 위에 연필이 있습니다.

かばんの 中に けいたいが ありません。
가방 안에 휴대전화가 없습니다.

車の よこに 何が ありますか。
자동차 옆에 무엇이 있습니까?

ドアの 前に かさが 二つ あります。
문 앞에 우산이 두 개 있습니다.

ソファーの 後ろに ねこと 犬が います。
소파 뒤에 고양이와 개가 있습니다.

外に 学生が いません。
밖에 학생이 없습니다.

ビルの 中に 人が 十人 います。
건물 안에 사람이 10명 있습니다.

三階に だれも いません。
3층에 아무도 없습니다.

단어
- つくえ 책상
- 上 위
- 中 안, 속
- 車 자동차
- よこ 옆, 곁
- ドア 문
- 前 앞
- かさ 우산
- ソファー 소파
- 後ろ 뒤
- 外 밖
- ビル 빌딩, 건물

실전 회화 체크

🎧 천천히 읽기 track **1-142**　보통 읽기 track **1-143**

ゆき　　　ジウさん、お菓子は どこに ありますか。

キムジウ　れいぞうこの よこに 一つ あります。

ゆき　　　コーヒーは どこですか。

キムジウ　テーブルの 上に あります。

ゆき　　　お茶も ありますか。

キムジウ　いいえ、お茶は ありません。
　　　　　ゆきさん、かいぎしつに 何人 いますか。

ゆき　　　十人 います。

キムジウ　部長も いますか。

ゆき　　　いいえ、いません。部長は 三階の じむしつに います。

 단어

れいぞうこ 냉장고　　かいぎしつ 회의실　　部長 부장님　　じむしつ 사무실

유키	지우 씨, 과자는 어디에 있나요?
김지우	냉장고 옆에 한 개 있어요.
유키	커피는 어디에 있어요?
김지우	테이블 위에 있어요.
유키	차도 있나요?
김지우	아뇨, 차는 없어요.
	유키 씨, 회의실에 몇 명 있나요?
유키	10명 있습니다.
김지우	부장님도 있나요?
유키	아뇨, 없습니다. 부장님은 3층 사무실에 있습니다.

회화 무비

📍 새로 나온 표현

● ~は どこですか   ~은/는 어디에 있습니까?

'어디입니까?'라는 뜻의 「どこですか」는 문맥에 따라 「どこに ありますか」(어디에 있습니까?)라는 의미로 쓰입니다.

 **연습 문제**

정답 p.211

1 다음 단어를 한글은 일본어로, 일본어는 한글로 써 보세요.

① 오른쪽 _____   ④ 左 _____

② 과자 _____   ⑤ だれ _____

③ 밖 _____   ⑥ 後ろ _____

2 다음 그림을 보고 질문에 답해 보세요.

① テーブルの 上に 何が ありますか。→ _____。

② テーブルの 右に 何が ありますか。→ _____。

③ りんごは いくつ ありますか。→ _____。

3 다음 그림을 보고 질문에 답해 보세요.

① エレベーターの 中に 人が 何人 いますか。
→ _____。

② かいぎしつの 人は 何人ですか。
→ _____。

③ 三階に だれが いますか。
→ _____。

4 다음 빈칸에 들어갈 알맞은 말을 써 보세요.

① だれも _____。 아무도 없습니까?
② じむしつは 十階に _____。 사무실은 10층에 있습니다.
③ つくえの 下に かばんが _____。 책상 아래에 가방이 있습니다.
④ きょうしつの 中に 学生が _____ います。 교실 안에 학생이 20명 있습니다.

5 다음을 잘 듣고 내용과 일치하는 것을 골라 보세요. track **1-144**

① かいぎしつは エレベーターの よこに あります。( )

② トイレは エレベーターの よこです。( )

반말은 어떻게 할까요

track **1-145**

お金が ある。
돈이 있어.

コーヒー ある(↑)。
커피 있어?

何も ない。
아무것도 없어.

「あります」의 반말은「ある」이고, 「ありません」의 반말은「ない」입니다.

ねこが いる。
고양이가 있어.

部長も いる(↑)。
부장님도 있어?

だれも いない。
아무도 없어.

「います」의 반말은「いる」이고, 「いません」의 반말은「いない」입니다.

UNIT 09

週末は たいてい 何を しますか。
しゅうまつ　　　　　　　　なに

주말에는 주로 무엇을 합니까?

학습내용
- 동사
- 동사의 종류
- 동사의 ます형

동영상 강의

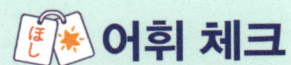 **어휘 체크**

그림을 보며 앞으로 배우게 될 어휘를 익혀 보세요.

 track **1-146**

食べる
먹다

飲む
마시다

歌う
노래하다

寝る
자다

起きる
일어나다

話す
이야기하다

書く
쓰다

読む
읽다

勉強する
공부하다

핵심 문형 체크

1 週末(しゅうまつ)は たいてい 何(なに)を **しますか。**
주말에는 주로 무엇을 합니까?

🎧 track **1-147**

✅ 동사

'하다, 가다, 먹다' 등 행동이나 움직임 등을 나타내는 말을 '동사'라고 합니다. 동사의 기본형은 반드시 「u발음(ウ단)」으로 끝나며, 각각의 형태에 따라 1·2·3그룹으로 나뉩니다. 형용사와 같이 어간과 어미로 구성되어 있으며, 어간은 모양이 바뀌지 않고 어미는 활용에 따라 모양이 변합니다.

> 食(た)べる 먹다(기본형) = 食(た)べ 어간 (활용X) + る 어미(활용O)

✅ 동사의 종류

(1) 3그룹 동사

3그룹 동사는 「する(하다)」와 「くる(오다)」 단 2개입니다. 어미를 활용할 때 일정한 법칙이 없기 때문에 불규칙 동사라고도 합니다. 「する」는 「勉強(べんきょう)する(공부하다)」처럼 명사와 결합하여 사용되는 경우가 많습니다.

> する (하다)   くる (오다)

(2) 2그룹 동사

2그룹 동사는 어미가 「る」이며, 「る」 앞의 글자가 「i발음(い단)」이나 「e발음(え단)」이 옵니다.

「i 발음(い단)」 + 「る」	見(み)る (보다) 起(お)きる (일어나다)
「e 발음(え단)」 + 「る」	食(た)べる (먹다) 寝(ね)る (자다)

UNIT **09** 週末は たいてい 何を しますか。

핵심 문형 체크

(3) 1그룹 동사

어미가 「る」가 아니거나, 「る」 앞의 글자가 「i발음(い단)」 또는 「e발음(え단)」이 아닌 동사를 말합니다. 또 형태는 2그룹 동사이지만 1그룹 동사로 분류되는 동사도 있는데, 이를 예외 1그룹 동사라고 합니다.

어미가 「る」가 아닌 것	歌う (노래하다)　書く (쓰다) 話す (이야기하다)　待つ (기다리다) 飲む (마시다)　遊ぶ (놀다)
어미가 「る」이지만, 앞의 발음이 「i 발음(い단)」이나 「e 발음(え단)」이 아닌 것	終わる (끝나다)　作る (만들다)
예외 1그룹 동사	切る (자르다)　走る (달리다) 入る (들어가다)　知る (알다) 帰る (돌아가다)　ける (발로 차다)

✅ 동사의 ます형

「ます형」이란 동사의 어미를 「ます」를 붙이기 위해 활용한 형태를 말합니다. '~합니다'라는 뜻의 정중한 표현이며, 동사의 그룹에 따라 활용 형태가 다릅니다. 「~ます」는 의미가 다양하여 일반 서술, 진리, 습관 외에도 의지나 가까운 미래를 나타냅니다.

(1) 3그룹 동사의 ます형

3그룹 동사는 일정한 활용규칙이 없는 불규칙동사입니다.

> する (하다) → **します** (합니다, 하겠습니다)
> くる (오다) → **きます** (옵니다, 오겠습니다)

勉強を **します**。 공부를 합니다.

明日 また **きます**。 내일 다시 오겠습니다.

週末は たいてい 何を **しますか**。 주말에는 주로 무엇을 합니까?

> **TIP**
> 「~を」는 '~을/를'이라는 뜻의 목적을 나타내는 조사입니다.

> **단어**
> 勉強 공부
> 明日 내일
> また 또, 다시
> 週末 주말
> たいてい 주로, 대개

（2） 2그룹 동사의 ます형

어미 「る」를 떼고 「ます」를 붙입니다.

> 見る (보다) → 見ます (봅니다, 보겠습니다)
> 食べる (먹다) → 食べます (먹습니다, 먹겠습니다)

ときどき 映画を 見ます。 가끔 영화를 봅니다.

夜は はやく 寝ます。 밤에는 일찍 잡니다.

朝 何時に 起きますか。 아침 몇 시에 일어납니까?

（3） 1그룹 동사의 ます형

동사의 어미를 「i발음(い단)」으로 바꾸고 「ます」를 붙입니다.

> 待つ (기다리다) → 待ちます (기다립니다, 기다리겠습니다)
> 書く (쓰다) → 書きます (씁니다, 쓰겠습니다)

日記を 書きます。 일기를 씁니다.

何を 作りますか。 무엇을 만드나요?

バスに 乗ります。 버스를 탑니다.

友だちに 会います。 친구를 만납니다.

何時に 帰りますか。 몇시에 돌아가나요?

! TIP

「~に」는 시간을 나타내는 말 뒤에 붙어 '(몇 시)에'라는 뜻이 됩니다.

★ 단어

ときどき 가끔, 때때로
映画 영화
夜 밤
はやく 일찍
寝る 자다
朝 아침
何時に 몇 시에
起きる 일어나다

! TIP

예외 1그룹 동사는 1그룹 동사의 활용 규칙을 따릅니다.
走ります。 달립니다.
帰ります。 돌아갑니다.

! TIP

'버스를 탑니다', '친구를 만납니다'라고 할 때, 「会う」와 「乗る」라는 동사 앞에 목적격 조사 「を」를 쓰기 쉬운데, 이때는 「を」가 아니라 「に」를 씁니다.

★ 단어

日記 일기
作る 만들다
バス 버스
乗る 타다
会う 만나다
帰る 돌아가다

📝 핵심 문형 연습

○ 3그룹 동사의 **ます**형을 넣어서 말해 봅시다. 🎧 track **1-148**

何を しますか。
무엇을 합니까?

勉強を します。
공부를 합니다.

ゲームを します。
게임을 합니다.

いつ きますか。
언제 옵니까?

土ようびに きます。
토요일에 옵니다.

また きます。
또 오겠습니다.

⭐ 단어
勉強 공부
ゲーム 게임
いつ 언제
また 또, 다시

○ 2그룹 동사의 **ます**형을 넣어서 말해 봅시다. 🎧 track **1-149**

7時に 起きます。
7시에 일어납니다.

ごはんを 食べます。
밥을 먹습니다.

映画を 見ます。
영화를 봅니다.

何時に 寝ますか。
몇 시에 잡니까?

日本語を おしえます。
일본어를 가르칩니다.

電話を かけます。
전화를 걸겠습니다.

⭐ 단어
起きる 일어나다
ごはん 밥, 식사
映画 영화
何時 몇 시
寝る 자다
おしえる 가르치다
電話をかける 전화를 걸다

○ 1그룹 동사의 ます형을 넣어서 말해 봅시다. track **1-150**

★ 단어
呼ぶ 부르다
待つ 기다리다
会う 만나다
話す 이야기하다
すぐ 곧, 바로
行く 가다
飲む 마시다
買う 사다
バス 버스
乗る 타다
コート 코트
脱ぐ 벗다
お風呂に入る 목욕하다

友だちを 呼びます。
친구를 부릅니다.

友だちを 待ちます。
친구를 기다립니다.

友だちに 会います。
친구를 만납니다.

友だちと 話します。
친구와 이야기합니다.

今 すぐ 行きます。
지금 바로 가겠습니다.

コーヒーを 飲みます。
커피를 마십니다.

かばんを 買います。
가방을 삽니다.

バスに 乗ります。
버스를 탑니다.

コートを 脱ぎます。
코트를 벗습니다.

お風呂に 入ります。
목욕을 합니다.

UNIT 09 週末は たいてい 何を しますか。

💬 실전 회화 체크

🎧 천천히 읽기 track **1-151**　보통 읽기 track **1-152**

ゆき　　セホさん、それは 日本小説ですね。よく 読みますか。

イセホ　はい、小説が 好きで 毎日 読みます。

ゆき　　セホさん、すごいですね。
　　　　日本の アニメとか 映画も 見ますか。

イセホ　もちろんです。よく 見ます。

ゆき　　週末は たいてい 何を しますか。

イセホ　たいてい うんどうを します。

ゆき　　誰と しますか。

イセホ　弟と すいえいを します。

⭐ **단어**

日本小説 일본소설　**よく** 자주, 잘　**小説** 소설　**毎日** 매일　**すごい** 굉장하다, 대단하다　**アニメ** 애니메이션, 만화영화
〜とか ~라든가　**もちろん** 물론

유키	세호 씨, 그것은 일본소설이네요. 자주 읽나요?
이세호	네, 소설을 좋아해서 매일 읽어요.
유키	세호 씨, 대단하네요. 일본 만화영화라든가 영화도 보나요?
이세호	물론입니다. 자주 봅니다.
유키	주말에는 주로 무엇을 하나요?
이세호	주로 운동을 해요.
유키	누구와 하나요?
이세호	남동생과 수영을 합니다.

회화 무비

📍 새로 나온 표현

● 好きで   좋아해서

「な형용사 어간 + で」는 두 문장이나 표현을 연결하는 '~하고'라는 표현인데, '~해서, ~이기 때문에'라는 이유나 원인을 나타내기도 합니다.

● ～とか   ～라든지, ～라든가

두 가지 이상을 열거할 때 쓰입니다.

예) 日本の アニメとか 映画とか 小説とか…   일본 만화영화라든가 영화라든가 소설이라든가…

UNIT 09   週末は たいてい 何を しますか。

연습 문제

정답 p.212

1 예와 같이 다음 표의 빈칸을 채워 보세요.

(예) 乗る	のる	타다	1 그룹
① 寝る		자다	
② 洗う		씻다	
③	いく		
④	くる	오다	
⑤	いれる	넣다	
⑥ 話す		이야기하다	
⑦ 書く			
⑧ 食べる		먹다	
⑨ 飲む	のむ		
⑩	つくる	만들다	

2 다음 동사의 ます형을 써 보세요.

> 待つ 기다리다 → 待ちます 기다립니다, 기다리겠습니다

① くる 오다 → _____。 옵니다, 오겠습니다

② おしえる 가르치다 → _____。 가르칩니다, 가르치겠습니다

③ 入る 들어가다 → _____。 들어갑니다, 들어가겠습니다

④ およぐ 헤엄치다 → _____。 헤엄칩니다, 헤엄치겠습니다

3 다음과 같이 대답해 보세요.

> よく 本を 読む / ときどき　　A: よく 本を 読みますか。
> 　　　　　　　　　　　　　　B: いいえ、<u>ときどき 読みます</u>。

① ときどき 映画を 見る / よく　　A: ときどき 映画を 見ますか。
　　　　　　　　　　　　　　　　B: いいえ、_____。

② 今日 おそく 帰る / はやく　　A: 今日 おそく 帰りますか。
　　　　　　　　　　　　　　　B: いいえ、_____。

③ 朝 はやく 起きる / おそく　　A: 朝 はやく 起きますか。
　　　　　　　　　　　　　　　B: いいえ、_____。

4 다음 빈칸에 들어갈 알맞은 조사를 써 보세요.

① 誰____ 音楽を ききますか。　누구와 음악을 듣습니까?
② 私は まいあさ、新聞____ 読みます。　나는 매일 아침 신문을 읽습니다.
③ 週末、友だち____ 山____ 行きます。　주말에 친구와 산에 갈 겁니다.
④ 何時____ 寝ますか。　몇 시에 자나요?

5 다음을 잘 듣고 그림에 맞는 번호를 써 넣으세요.　track **1-153**

A 　B 　C 　D

□　　□　　□　　□

UNIT 09　週末は たいてい 何を しますか。

반말은 어떻게 할까요

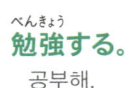

동사의 기본형은 그대로 반말이 됩니다. '~을/를 하다'라고 할 때, '~을/를'에 해당하는 조사 「を」는 생략해서 말하는 경우가 많습니다.

10 UNIT

家(いえ)で 勉強(べんきょう)を しました。
집에서 공부를 했습니다.

학습내용
- 동사의 부정형
- 동사의 과거형
- 동사의 과거부정형
- 조사 ~に
- 조사 ~で

동영상 강의

📖 어휘 체크

그림을 보며 앞으로 배우게 될 어휘를 익혀 보세요.

 track **1-155**

テレビを 見る
텔레비전을 보다

コンピュータを する
컴퓨터를 하다

りょうりを 作る
요리를 만들다

そうじを する
청소를 하다

音楽を きく
음악을 듣다

シャワーを あびる
샤워를 하다

お酒を 飲む
술을 마시다

電話を かける
전화를 걸다

タバコを すう
담배를 피우다

핵심 문형 체크

1 いいえ、あまり 行(い)きません。
아니요, 별로 가지 않습니다.

track **1-156**

✓ 동사의 부정형

「ます」를 「ません」으로 고치면 '~(하)지 않습니다'라는 의미의 부정형이 됩니다. 정중형과 마찬가지로 일반 서술, 진리, 습관 외 의지나 가까운 미래를 나타냅니다.

> 行(い)きます (갑니다) → 行(い)き**ません** (가지 않습니다, 가지 않겠습니다)

やさいは 食(た)べません。
야채는 먹지 않습니다.

お酒(さけ)は 飲(の)みません。
술은 마시지 않습니다.

テレビは あまり 見(み)ません。
텔레비전은 그다지 보지 않습니다.

運動(うんどう)は ぜんぜん しません。
운동은 전혀 하지 않습니다.

これから タバコは すいません。
앞으로 담배는 피우지 않겠습니다.

! TIP

부정형에는 「あまり(그다지) · ぜんぜん(전혀)」등의 부사가 함께 쓰여, 굳은 결심이나 강한 부정을 나타내는 경우가 많습니다.

! TIP

「~は」는 '은/는'에 해당하는 조사인데, '제한'이나 '한정'의 의미를 나타내기도 합니다. '다른 건 몰라도 그것만은 한다' 혹은 '하지 않는다'는 말을 하고자 할 때 쓰입니다.

★ 단어

やさい 야채, 채소

あまり 그다지, 별로

運動(うんどう) 운동

ぜんぜん 전혀

これから 앞으로, 이제부터

UNIT **10** 家(いえ)で 勉強(べんきょう)を しました。

핵심 문형 체크

2 昨日(きのう)も 行(い)きましたか。
어제도 갔습니까?

track 1-157

✓ 동사의 과거형

「ます」를 「ました」로 바꾸면 '~했습니다'라는 의미의 과거형이 됩니다. 말끝에 「か」를 붙이면 의문문이 됩니다.

> 行(い)きます (갑니다) → 行(い)きました (갔습니다)

音楽(おんがく)を ききました。
음악을 들었습니다.

けさ、シャワーを あびました。
오늘 아침에 샤워를 했습니다.

昨日(きのう)、何時(なんじ)に 帰(かえ)りましたか。
어제 몇 시에 돌아갔나요?

⭐ 단어
音楽(おんがく)をきく 음악을 듣다
けさ 오늘 아침
シャワーをあびる 샤워를 하다
帰(かえ)る 돌아가다

---

3 いいえ、昨日(きのう)は 行(い)きませんでした。
아니요, 어제는 가지 않았습니다.

track 1-158

✓ 동사의 과거부정형

부정을 나타내는 「ません」에 과거를 나타내는 「でした」를 붙이면 '~하지 않았습니다'라는 의미의 과거부정형인 「ませんでした」가 됩니다.

> 行(い)きます (갑니다) → 行(い)きませんでした (가지 않았습니다)

へやの そうじを しませんでした。방 청소를 하지 않았습니다.

ゆうべは 電話(でんわ)を かけませんでした。
어젯밤에는 전화를 걸지 않았습니다.

⭐ 단어
そうじ 청소
電話(でんわ)をかける 전화를 걸다

4 今、家に 帰りますか。
지금 집에 돌아갑니까?

✓ 조사 「に」

조사 「に」는 날짜나 시간 외에도 장소를 나타내는 말과 결합하여 '행선지·목적지'를 나타내 '(그 장소)에/(으)로' 라는 뜻이 됩니다. 보통 「~に 行く / ~に くる / ~に 帰る」의 형태로 많이 쓰입니다.

A: どこに 行きますか。
어디에 갑니까?

B: 学校に 行きます。
학교에 갑니다.

A: どこへ 行きますか。
어디에 갑니까?

B: 日本へ 帰ります。
일본으로 돌아갑니다.

> **TIP**
> 목적지나 방향을 나타낼 때는 조사 「に」 대신에 「へ」를 쓸 수도 있습니다. 이때 「へ」발음에 주의해야 하는데, 「헤(he)」가 아닌 「에(e)」라고 발음합니다.

⭐ 단어
家 집
学校 학교
行く 가다

5 家で 勉強を しました。
집에서 공부를 했습니다.

✓ 조사 「で」

조사 「で」는 여러 의미가 있는데, 장소를 나타내는 말과 결합하면 '(그 장소)에서'라는 뜻이 되고, 수단이나 방법을 나타내는 말과 함께 쓰이면 '(수단)으로'라는 뜻이 됩니다.

デパートで 服を 買いました。 백화점에서 옷을 샀습니다.

地下鉄で きました。 지하철로 왔습니다.

⭐ 단어
服 옷
買う 사다
地下鉄 지하철

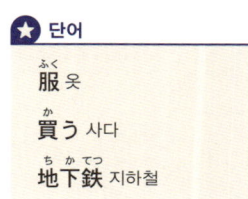

📝 핵심 문형 연습

⭕ 동사의 부정형을 넣어서 말해 봅시다.

🎧 track 1-161

テレビは 見ません。
텔레비전은 보지 않습니다.

ハンバーガーは あまり 食べません。
햄버거는 그다지 먹지 않습니다.

タバコは ぜんぜん すいません。
담배는 전혀 피우지 않습니다.

お酒は 飲みませんか。
술은 마시지 않나요?

★ 단어
テレビ 텔레비전
ハンバーガー 햄버거
あまり 그다지
タバコをすう 담배를 피우다
ぜんぜん 전혀
お酒を飲む 술을 마시다

⭕ 동사의 과거형을 넣어서 말해 봅시다.

🎧 track 1-162

りょうりを 作りました。
요리를 만들었습니다.

パソコンを つかいました。
컴퓨터를 사용했습니다.

シャワーを あびました。
샤워를 했습니다.

そうじを しましたか。
청소를 했나요?

★ 단어
りょうり 요리
作る 만들다
パソコン pc, 개인용 컴퓨터
つかう 쓰다, 사용하다
シャワーをあびる 샤워를 하다
そうじ 청소

○ 동사의 과거부정형을 넣어서 말해 봅시다.

テレビは 見_みませんでした。
텔레비전은 보지 않았습니다.

ハンバーガーは 食_たべませんでした。
햄버거는 먹지 않았습니다.

タバコは すいませんでした。
담배는 피우지 않았습니다.

お酒_{さけ}は 飲_のみませんでした。
술은 마시지 않았습니다.

○ 조사 「に」와 「で」를 넣어서 말해 봅시다.

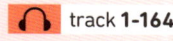

家_{いえ}に 帰_{かえ}ります。
집에 돌아갑니다.

公園_{こうえん}に 行_いきました。
공원에 갔습니다.

えいがかんで 映画_{えいが}を 見_みました。
영화관에서 영화를 봤습니다.

バスで きました。
버스로 왔습니다.

단어
家_{いえ} 집
帰_{かえ}る 돌아가다
公園_{こうえん} 공원
えいがかん 영화관

UNIT 10 家で 勉強を しました。　　　153

실전 회화 체크

🎧 천천히 읽기 track **1-165**　보통 읽기 track **1-166**

なかた　セホさん、今、家に 帰りますか。

イセホ　いいえ、図書館に 行きます。

なかた　そうですか。セホさんは 図書館に よく 行きますか。

イセホ　いいえ、あまり 行きませんが、明日 テストが あります。

なかた　昨日も 行きましたか。

イセホ　いいえ、昨日は 行きませんでした。
　　　　家で 勉強を しました。

なかた　私は 今日 終わりましたが、セホさんは いつまでですか。

イセホ　水ようびまでです。

なかた　じゃ、明日も 図書館ですね。

イセホ　明日は 友だちの 家で 勉強します。
　　　　なかたさんは 家まで 何で 帰りますか。

なかた　電車で 行きます。

⭐ 단어

図書館 도서관　**よく** 자주, 잘　**あまり** 그다지, 별로　**終わる** 끝나다　**何で** 무엇으로, 어떻게　**電車で** 전철로

나카타	세호 씨, 지금 집에 가요?
이세호	아뇨, 도서관에 가요.
나카타	그렇습니까? 세호 씨는 도서관에 자주 가나요?
이세호	아니요, 그다지 가지 않지만, 내일 시험이 있어요.
나카타	어제도 갔었나요?
이세호	아니요, 어제는 가지 않았어요. 집에서 공부를 했습니다.
나카타	나는 오늘 끝났는데, 세호 씨는 언제까지입니까?
이세호	수요일까지입니다.
나카타	그럼 내일도 도서관이군요.
이세호	내일은 친구네 집에서 공부할 거에요. 나카타 씨는 집까지 어떻게 돌아가나요?
나카타	전철로 가요.

회화 무비

📍 새로 나온 표현

● あまり 行きませんが、 그다지 가지 않지만,

문장 끝에 오는 「～が」는 '～이지만, ～하지만' 등 역접을 나타냅니다.

● 明日も 図書館ですね 내일도 도서관이군요

「明日も 図書館に 行きますね(내일도 도서관에 갈 거군요)」와 같은 의미입니다. 일본어에는 「명사 + です」의 형태로 쓰여 동사의 의미를 나타내는 경우가 많습니다.

● 何で 무엇으로, 어떻게

수단이나 방법을 나타내는 표현으로, '무엇으로, 어떻게' 등으로 해석하는 것이 자연스럽습니다.

 **연습 문제**

정답 p.212

1 다음 단어를 한글은 일본어로, 일본어는 한글로 써 보세요.

① 듣다 _____   ④ 電話 _____

② 어젯밤 _____   ⑤ 地下鉄 _____

③ 담배를 피우다 _____   ⑥ 飲む _____

2 다음과 같이 묻고 대답해 보세요.

よく 本を 読む / あまり → A: よく 本を 読みますか。
　　　　　　　　　　　　　　　B: いいえ、あまり 読みません。

① よく 映画を 見る / あまり
　A: _____。
　B: いいえ、_____。

② ときどき タバコを すう / ぜんぜん
　A: _____。
　B: いいえ、_____。

③ よく 音楽を きく / あまり
　A: _____。
　B: いいえ、_____。

3 다음과 같이 묻고 대답해 보세요.

> A: ゆうべ、お酒を 飲みましたか。
> B: いいえ、飲みませんでした。

① A: 昨日、そうじを しましたか。
　 B: いいえ、_____。

② A: 昨日、かばんを 買いましたか。
　 B: いいえ、_____。

③ A: ゆうべ、シャワーを あびましたか。
　 B: いいえ、_____。

4 다음 빈칸에 들어갈 알맞은 말을 써 보세요.

① どこ____ 本を 読みますか。　어디서 책을 읽습니까?
② 先週、友だちが 日本____ 帰りました。　지난주에 친구가 일본으로 돌아갔습니다.
③ 学校まで 電車____ きます。　학교까지 전철로 옵니다.
④ どこ____ 行きますか。　어디에 갑니까?

5 다음을 잘 듣고 내용과 일치하는 것을 모두 골라 보세요.　　track **1-167**

① セホさんは コーヒーを 飲みませんでした。(　)
② セホさんと 友だちは ミョンドンで 会いました。(　)
③ 家まで 地下鉄で 帰りました。(　)

더 알아두기

조사 총정리

조사	뜻	예문
は	~은/는(주격조사)	私は 学生です。 나는 학생입니다.
	~은/는(한정)	お酒は 飲みません。 술은 마시지 않습니다.
が	~이/가(주격조사)	これが 本です。 이것이 책입니다.
を	~을/를(목적격조사)	ごはんを 食べます。 밥을 먹습니다.
の	~의(소유격)	これは 友だちの かばんです。 이것은 친구의 가방입니다.
	~의 것(소유대명사)	これは 母のです。 이것은 엄마의 것입니다.
も	~도	私も 学生です。 나도 학생입니다.
と	~과/와/랑	父と 話します。 아빠와 이야기합니다.
で	~에서(장소)	学校で 勉強を します。 학교에서 공부를 합니다.
	~로(수단)	バスで 行きます。 버스로 갑니다.
に	~에(행선지)	日本に 行きます。 일본에 갑니다.
	~에(시간)	6時に 起きます。 6시에 일어납니다.
へ	~로(행선지/방향)	家へ 帰ります。 집으로 돌아갑니다.
から	~부터(시작)	授業は 午前 10時からです。 수업은 오전 10시부터입니다.
まで	~까지(종료)	銀行は 午後 4時までです。 은행은 오후 4시까지입니다.

과거를 나타내는 말

어제	어젯밤	그제	지난주	지난달
昨日 (きのう)	ゆうべ / 昨日の夜 (きのう の よる)	おととい	先週 (せんしゅう)	先月 (せんげつ)
작년	어렸을 때	학생 때	전에는	옛날(에)
去年 / 昨年 (きょねん / さくねん)	子どもの 時 (こ ども の とき)	学生の 時 (がくせい の とき)	前は (まえ は)	昔 (むかし)

UNIT 11

食事（しょくじ）に 行（い）きませんか。

식사하러 가지 않을래요?

학습내용
- 권유 ～ませんか / ～ましょうか
- 동작의 목적 ～に 行（い）く
- 희망 ～たい
- 동시 동작 ～ながら

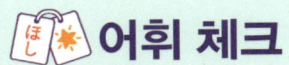 **어휘 체크**

그림을 보며 앞으로 배우게 될 어휘를 익혀 보세요.

 track **1-168**

お<ruby>茶<rt>ちゃ</rt></ruby>を <ruby>飲<rt>の</rt></ruby>む
차를 마시다

ごはんを <ruby>食<rt>た</rt></ruby>べる
밥을 먹다

<ruby>散歩<rt>さんぽ</rt></ruby>を する
산책을 하다

<ruby>会議<rt>かいぎ</rt></ruby>を する
회의를 하다

ドライブを する
드라이브를 하다

お<ruby>風呂<rt>ふろ</rt></ruby>に <ruby>入<rt>はい</rt></ruby>る
목욕을 하다

<ruby>恋人<rt>こいびと</rt></ruby>に <ruby>会<rt>あ</rt></ruby>う
연인을 만나다

<ruby>新聞<rt>しんぶん</rt></ruby>を <ruby>読<rt>よ</rt></ruby>む
신문을 읽다

<ruby>服<rt>ふく</rt></ruby>を <ruby>買<rt>か</rt></ruby>う
옷을 사다

핵심 문형 체크

1 行きませんか。
가지 않을래요?

▶ **동사의 ～ませんか** ～하지 않을래요?

「～ます」의 부정형 「～ません」에 질문을 나타내는 「か」가 붙은 「～ませんか」는 '하지 않을래요?'라는 뜻으로, 어떤 행동을 권유하거나 청할 때 쓰는 말입니다.

一緒に ごはんを 食べませんか。 함께 밥을 먹지 않을래요?

ドライブでも しませんか。 드라이브라도 하지 않을래요?

ちょっと 歩きませんか。 잠깐 걷지 않을래요?

> track 1-169
>
> **TIP**
> 「～でも」는 '～라도'라는 의미로, 주로 명사 뒤에 접속하고, 「～ませんか」와 함께 쓰여 '～라도 하지 않을래요?'라는 뜻이 됩니다.
>
> **단어**
> 一緒に 함께, 같이
> ドライブ 드라이브
> ～でも ～라도
> ちょっと 좀, 잠깐
> 歩く 걷다

2 ちょっと 歩きましょうか。
좀 걸을까요?

▶ **동사의 ～ましょうか** ～할까요?

「～ませんか」와 비슷한 표현으로 「～ましょうか(～할까요?)」가 있는데, 어떤 동작을 함께 하자고 권할 때 씁니다. 「か」를 빼고 「～ましょう(～해요)」라고 해도 같은 의미가 됩니다.

一緒に ごはんを 食べましょうか。 함께 밥을 먹을까요?

ドライブでも しましょう。 드라이브라도 해요!

ちょっと 歩きましょうか。 잠깐 걸을까요?

> track 1-170
>
> **TIP**
> 「～ませんか」와 「～ましょうか」는 비슷한 표현이지만, 「～ましょうか」보다 「～ませんか」가 좀 더 정중한 느낌을 줍니다.
>
> **TIP**
> 제안을 수락할 때는 「いいですね(좋습니다)」, 거절할 때에는 「すみません(미안합니다)」이라고 하면 됩니다.

UNIT 11 食事に 行きませんか。

핵심 문형 체크

3 食べに 行きましょう。
먹으러 가요.

✅ 동사의 ます형 + に 行く ~하러 가다

'~하러 가다'라는 표현은 일본어로「동사의 ます형 + に 行く」라고 합니다. 여기서 조사「に」앞에 오는「동사의 ます형」은 하고자 하는 목적을 나타냅니다.「行く」대신「くる」나「出かける」등의 동사를 쓸 수도 있습니다.

映画を 見に 行きます。 영화를 보러 갑니다.

買い物を しに 出かけます。 쇼핑을 하러 나갑니다.

> **TIP**
> 「ます형」이란, 예를 들어 「たべます」에서「~ます」의 앞에 오는「たべ」부분을 말합니다.

> **⭐ 단어**
> 買い物 쇼핑, 장 보기
> 出かける 나가다, 외출하다

🎧 track 1-171

4 食事に 行きませんか。
식사하러 가지 않을래요?

✅ 명사 + に 行く ~하러 가다

명사에 직접「に + 行く」가 결합해 '~하러 가다'라는 뜻을 나타내기도 합니다. 단, 모든 명사에 결합하는 것은 아니며,「~を する」라는 형태를 만들 수 있는 명사만 가능합니다.

🎧 track 1-172

산책을 하다	散歩を する	산책하러 가다	散歩を しに 行く → 散歩に 行く
공부를 하다	勉強を する	공부하러 가다	勉強を しに 行く → 勉強に 行く
식사를 하다	食事を する	식사하러 가다	食事を しに 行く → 食事に 行く
회의를 하다	会議を する	회의하러 가다	会議を しに 行く → 会議に 行く

5 何が 食べたいですか。
무엇을 먹고 싶습니까?

✅ 동사의 ます형 + たい ~하고 싶다

track **1-173**

'희망'을 나타내는 표현 「~たい」는 「동사의 ます형」과 결합하여 '~을/를 하고 싶다'는 말을 만듭니다. 「~たいです」는 '~하고 싶습니다'라는 정중한 표현입니다. 부정형은 「~たく ありません(~하고 싶지 않습니다)」으로, 「い형용사」와 동일한 활용을 합니다. 「~たい」 앞에는 조사 「が」를 많이 쓰며, 문장이 긴 경우「を」도 쓸 수 있습니다.

> 食べる + たいです → 食べたいです (먹고 싶습니다)
> 食べる + たく ありません → 食べたく ありません (먹고 싶지 않습니다)

新しい 服が 買いたいです。 새 옷을 사고 싶습니다.

何も 食べたく ありません。 아무것도 먹고 싶지 않습니다.

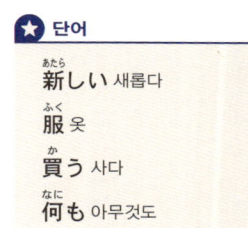

⭐ 단어
新しい 새롭다
服 옷
買う 사다
何も 아무것도

6 歩きながら 話しましょう。
걸으면서 이야기합시다.

✅ 동사의 ます형 + ながら ~하면서

track **1-174**

「~ながら」는 하나의 동작을 하면서 동시에 다른 동작을 함을 나타내는 말입니다. 「동사의 ます형 + ながら」의 형태로 쓰이며, '~하면서'라는 뜻입니다.

音楽を 聞きながら 本を 読みます。
음악을 들으면서 책을 읽습니다.

コーヒーを 飲みながら テレビを 見ました。
커피를 마시면서 텔레비전을 보았습니다.

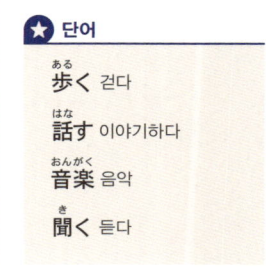

⭐ 단어
歩く 걷다
話す 이야기하다
音楽 음악
聞く 듣다

📝 핵심 문형 연습

○ ～ませんか / ～ましょうか를 넣어서 말해 봅시다. 🎧 track 1-175

お茶でも 飲み**ませんか**。
차라도 마시지 않을래요?

ごはんでも 食べ**ませんか**。
밥이라도 먹지 않을래요?

映画でも 見**ましょうか**。
영화라도 볼까요?

ちょっと 歩き**ましょうか**。
잠깐 걸을까요?

⭐ 단어
～でも ~라도
ちょっと 좀, 잠깐
歩く 걷다

○ ～に 行く를 넣어서 말해 봅시다. 🎧 track 1-176

図書館に 本を 借り**に** 行きませんか。
도서관에 책을 빌리러 가지 않을래요?

コーヒーを 飲み**に** 行きましょうか。
커피를 마시러 갈까요?

散歩**に** 行きませんか。
산책하러 가지 않을래요?

デパートに 買い物**に** 行きましょうか。
백화점에 쇼핑하러 갈까요?

⭐ 단어
図書館 도서관
借りる 빌리다
散歩 산책
買い物 쇼핑, 장 보기

○ 〜たい를 넣어서 말해 봅시다.

track **1-177**

ごはんが 食べたいです。
밥을 먹고 싶습니다.

あたたかい お茶が 飲みたいです。
따뜻한 차를 마시고 싶습니다.

新しい くつが 買いたいです。
새로운 신발을 사고 싶습니다.

何も 食べたく ありません。
아무것도 먹고 싶지 않습니다.

단어
あたたかい 따뜻하다
新しい 새롭다
くつ 구두, 신발
買う 사다
何も 아무것도

○ 〜ながら를 넣어서 말해 봅시다.

track **1-178**

音楽を 聞きながら 散歩を します。
음악을 들으면서 산책을 합니다.

新聞を 読みながら ごはんを 食べます。
신문을 보면서 밥을 먹습니다.

歩きながら 話しました。
걸으면서 이야기했습니다.

歌を 歌いながら お風呂に 入りました。
노래를 부르면서 목욕을 했습니다.

단어
音楽 음악
聞く 듣다
新聞 신문
話す 이야기하다
歌を 歌う 노래를 부르다
お風呂に 入る 목욕하다

💬 실전 회화 체크

🎧 천천히 읽기 track **1-179**　보통 읽기 track **1-180**

ゆき　　　ジウさん、仕事の　後　食事に　行きませんか。

キムジウ　いいですね。行きましょう。

ゆき　　　ジウさんは　何が　食べたいですか。

キムジウ　トンカツが　食べたいですが、ゆきさんは　どうですか。

ゆき　　　トンカツですか。すみません、それは　ちょっと…。
　　　　　昼に　食べました。ピザは　どうですか。

キムジウ　ピザも　いいですよ。

ゆき　　　じゃ、ピザを　食べに　行きましょう。

- -

キムジウ　ああ、お腹　いっぱいですね。ちょっと　歩きましょうか。

ゆき　　　はい、歩きながら　話しましょう。

⭐ 단어

仕事 일, 업무　　後 뒤, 후　　食事 식사　　トンカツ 돈가스　　ちょっと 좀, 잠깐　　昼 낮, 점심　　ピザ 피자
お腹 배(신체)　　いっぱいだ 가득차다, 배부르다

유키	지우 씨, 일이 끝난 뒤 식사하러 가지 않을래요?
김지우	좋아요. 가요.
유키	지우 씨는 무엇을 먹고 싶어요?
김지우	돈가스를 먹고 싶은데, 유키 씨는 어때요?
유키	돈가스요? 죄송해요. 그건 좀…. 점심에 먹었어요. 피자는 어때요?
김지우	피자도 좋아요.
유키	그럼, 피자 먹으러 가요.

김지우	아아, 배부르네요. 잠깐 걸을까요?
유키	네, 걸으면서 이야기해요.

회화 무비

📍 새로 나온 표현

● **仕事の 後** 일이 끝난 뒤

명사만으로 동사의 뜻을 포함하고 있는 표현으로, '일이 끝난 뒤', '일을 마친 뒤'라고 해석하는 것이 자연스럽습니다.

> 예   **勉強の 後** 공부를 마친 뒤   **そうじの 後** 청소가 끝난 뒤

● **どうですか** 어때요?

'어떻습니까?', '어때요?'라는 뜻으로, 상대방의 의향이나 안부 등을 물을 때 사용합니다.

● **お腹 いっぱいですね** 배부르네요

「いっぱい」는 '가득, 꽉참'이라는 뜻으로, 히라가나로만 씁니다. 「一杯(한 잔)」와 발음이 같지만, 각각 히라가나와 한자로 구분해서 표기합니다.

> 예   **ごはん いっぱい おねがいします。** 밥 가득 부탁합니다.
> **お酒 一杯 おねがいします。** 술 한 잔 부탁합니다.

UNIT 11　食事に 行きませんか。

 **연습 문제**

정답 p.213

1 다음 단어를 한글은 일본어, 일본어는 한글로 써 보세요.

① 드라이브 _____   ④ 買う _____

② 목욕하다 _____   ⑤ 散歩 _____

③ 신문 _____   ⑥ 出かける _____

2 다음과 같이 문장을 만들어 보세요.

> お茶を 飲む   →   お茶を 飲みませんか。
> お茶を 飲みましょうか。

① ごはんを 食べる
→ _____。

② 散歩を する
→ _____。

③ 映画を 見に 行く
→ _____。

④ 買い物に 行く
→ _____。

3 다음과 같이 대답해 보세요.

> A: コーヒーが 飲みたいですか。
> B: はい、飲みたいです。
> 　　いいえ、飲みたく ありません。

① A: 日本に 行きたいですか。
　　B: はい、＿＿＿＿＿＿＿＿＿＿＿＿＿＿＿＿＿＿＿。

② A: すしが 食べたいですか。
　　B: いいえ、＿＿＿＿＿＿＿＿＿＿＿＿＿＿＿＿＿＿。

③ A: 友だちに 会いたいですか。
　　B: はい、＿＿＿＿＿＿＿＿＿＿＿＿＿＿＿＿＿＿＿。

4 다음 빈칸에 들어갈 알맞은 말을 써 보세요.

① 音楽を 聞き＿＿＿＿＿＿ コーヒーを 飲みます。　음악을 들으면서 커피를 마십니다.
② ドライブ＿＿＿＿ しませんか。　드라이브라도 하지 않을래요?
③ デパートに 服を 買い＿＿＿ 行きましょうか。　백화점에 옷을 사러 갈까요?
④ あたたかい お茶が 飲み＿＿＿＿＿＿です。　따뜻한 차를 마시고 싶습니다.

5 다음을 잘 듣고 내용과 일치하는 것을 골라 보세요.　　track **1-181**

① 二人は 来週の 土ようびに 映画を 見に 行きます。（　）
② 二人は 明日 映画館に 行きます。（　）

UNIT 11　食事に 行きませんか。

일본 이야기

アニメ와 ツナミ
(아니메)　(쓰나미)

「이웃집 토토로(となりのトトロ)」

ツナミ(TSUNAMI)

　　일본은 만화 산업이 지구상에서 가장 발달된 나라라 해도 과언이 아닙니다. 종이 만화책과 만화영화 모두 인기가 높지요. 일본에서는 만화영화라는 의미의 영어 애니메이션(animation)의 앞부분을 따서 '아니메(アニメ)'라고 합니다. 「アニメ」는 영어에서 온 말이지만, 전 세계적으로 일본 만화영화의 인기와 인지도가 높아지면서 '일본의 동영상으로 된 만화'를 일컫는 국제 표준말처럼 되었습니다. 그래서 영어권에서도 'ANIME'라는 말이 사전에 올라와 있지요. 비슷한 경우로 '쓰나미(ツナミ, 지진 해일)'가 있습니다. 영어로 'seismic sea wave'라는 말이 있는데도 국제적으로 'TSUNAMI'라는 말이 더 일반적으로 쓰이고 있습니다.

12 UNIT

早く 準備して ください。
빨리 준비해 주세요.

학습내용
- 동사의 て형
- 진행 ~て います
- 부탁 ~て ください

동영상 강의

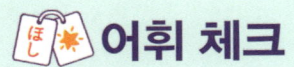 **어휘 체크**

그림을 보며 앞으로 배우게 될 어휘를 익혀 보세요.

 track **1-182**

手を 洗う
て あら
손을 씻다

歯を みがく
は
이를 닦다

宿題を する
しゅくだい
숙제를 하다

スーパーに 行く
い
슈퍼에 가다

電気を つける
でん き
전기를 켜다, 불을 켜다

いすに 座る
すわ
의자에 앉다

写真を とる
しゃしん
사진을 찍다

窓を 開ける
まど あ
창문을 열다

窓を 閉める
まど し
창문을 닫다

핵심 문형 체크

1 友だちに 会って 飲みに 行きます。
친구를 만나고 술을 마시러 갑니다.

🎧 track **1-183**

✅ **동사의 て형**

동사를 「て형」으로 활용하면, 두 개의 문장을 하나로 연결할 수 있습니다. '~하고, ~해서'라는 뜻으로, 일의 순서 또는 이유나 원인을 나타냅니다. 동사의 그룹별로 「て형」 만드는 법을 알아봅시다.

(1) **3그룹 동사**

불규칙 동사이므로 암기합니다.

기본형	て형	의미
する	して	하고, 해서
くる	きて	오고, 와서

宿題を して ドラマを 見ました。 숙제를 하고 드라마를 봤습니다.

会社に きて 仕事を 始めました。 회사에 와서 일을 시작했습니다.

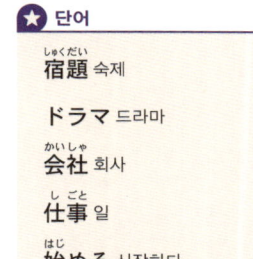

★ **단어**

宿題 숙제
ドラマ 드라마
会社 회사
仕事 일
始める 시작하다

(2) **2그룹 동사**

어미 「る」를 없애고 「て」를 붙입니다.

기본형	て형	의미
見る	見て	보고, 봐서
食べる	食べて	먹고, 먹어서

ドラマを 見て 宿題を しました。 드라마를 보고 숙제를 했습니다.

ごはんを 食べて 歯を みがきました。 밥을 먹고 이를 닦았습니다.

핵심 문형 체크

(3) 1그룹 동사

- 어미가 「う・つ・る」인 동사는 어미를 없애고 「って」를 붙입니다.
- 어미가 「ぬ・む・ぶ」인 동사는 어미를 없애고 「んで」를 붙입니다.
- 어미가 「く・ぐ」인 동사는 어미를 없애고 「いて/いで」를 붙입니다.
- 어미가 「す」인 동사는 어미를 없애고 「して」를 붙입니다.
- 예외 1그룹 동사는 어미를 없애고 「って」를 붙입니다.

기본형	활용	て형	의미
買う	って	買って	사고, 사서
待つ		待って	기다리고, 기다려서
作る		作って	만들고, 만들어서
死ぬ	んで	死んで	죽고, 죽어서
飲む		飲んで	마시고, 마셔서
遊ぶ		遊んで	놀고, 놀아서
書く	いて	書いて	쓰고, 써서
泳ぐ	いで	泳いで	헤엄치고, 헤엄쳐서
話す	して	話して	말하고, 말해서
*行く	って	行って	가고, 가서
*走る		走って	달리고, 달려서

手を 洗って、歯を みがきます。
손을 씻고 이를 닦습니다.

コーヒーを 飲んで、本を 読みます。
커피를 마시고 책을 읽습니다.

スーパーに 行って、たまごを 買います。
슈퍼에 가서 달걀을 삽니다.

단어

手を洗う 손을 씻다

歯をみがく 이를 닦다

スーパー 슈퍼, 슈퍼마켓

たまご 달걀

2　今、作って います。
지금 만들고 있습니다.

～て います ～하고 있습니다

track 1-184

「동사의 て형」에 「います」가 이어지면 현재 어떤 동작을 하고 있다는 '진행'의 의미를 나타냅니다.

今、本を 読んで います。
지금 책을 읽고 있습니다.

いっしょうけんめい 勉強して います。
열심히 공부하고 있습니다.

今、何を して いますか。
지금 무엇을 하고 있습니까?

단어
いっしょうけんめい 열심히
勉強する 공부하다

3　早く 準備して ください。
빨리 준비해 주세요.

～て ください ～해 주세요

track 1-185

「동사의 て형」 뒤에 '주세요'라는 뜻의 「ください」가 오면 타인에게 어떤 행동을 해 줄 것을 부탁하거나 부드럽게 명령하는 표현이 됩니다.

写真を とって ください。
사진을 찍어 주세요.

手を 洗って ください。
손을 씻으세요.

ここに お名前を 書いて ください。
여기에 이름을 써 주세요.

TIP

「명사 + ください」는 명사에 해당하는 것을 달라는 뜻이고, 「동사의 て형 + ください」는 그 동작을 해 달라는 뜻입니다.
お菓子 ください。
과자 주세요.
帰って ください。
돌아가 주세요.

단어
早く 빨리
準備する 준비하다
写真をとる 사진을 찍다

📝 핵심 문형 연습

○ **동사의 て형을 넣어서 말해 봅시다.** 🎧 track 1-186

宿題を して、寝ます。
숙제를 하고 잡니다.

映画を 見て、デパートに 行きました。
영화를 보고 백화점에 갔습니다.

学校へ 行って、友だちと 話しました。
학교에 가서 친구와 이야기했습니다.

歯を みがいて、顔を 洗いました。
이를 닦고 얼굴을 씻었습니다.

チケットを 買って、映画館に 入りました。
티켓을 사고 영화관에 들어갔습니다.

部屋に 入って、電気を つけます。
방에 들어가서 불을 켭니다.

さとうを 入れて、コーヒーを 飲みました。
설탕을 넣어서 커피를 마셨습니다.

本を 読んで、メモを しました。
책을 읽고 메모를 했습니다.

泳いで、ジュースを 飲みました。
헤엄을 치고 주스를 마셨습니다.

ドアを 閉めて、出かけました。
문을 닫고 외출했습니다.

★ 단어

- 宿題 숙제
- 寝る 자다
- 歯をみがく 이를 닦다
- 顔 얼굴
- 洗う 씻다, 닦다
- チケット 티켓, 표
- 映画館 영화관
- 入る 들어가다
- 電気をつける 불을 켜다
- さとう 설탕
- 入れる 넣다
- メモ 메모
- 泳ぐ 헤엄치다, 수영하다
- ドアを閉める 문을 닫다
- 出かける 나가다, 외출하다

～て います를 넣어서 말해 봅시다.

track 1-187

A: 今、何を **して います**か。 지금 무엇을 하고 있습니까?

B: ごはんを 食べて います。 밥을 먹고 있습니다.

パソコンを 使って います。 컴퓨터를 사용하고 있습니다.

ピアノを ひいて います。 피아노를 치고 있습니다.

友だちを 待って います。 친구를 기다리고 있습니다.

단어

パソコン pc, 개인용 컴퓨터

使う 쓰다, 사용하다

ピアノをひく 피아노를 치다

待つ 기다리다

～て ください를 넣어서 말해 봅시다.

track 1-188

窓を 閉めて ください。 창문을 닫아 주세요.

写真を とって ください。 사진을 찍어 주세요.

料理を 教えて ください。 요리를 가르쳐 주세요.

チケットを 見せて ください。 티켓을 보여 주세요.

いすに 座って ください。 의자에 앉아 주세요.

단어

窓を閉める 창문을 닫다

写真をとる 사진을 찍다

料理 요리

教える 가르치다

見せる 보여 주다

いすに座る 의자에 앉다

실전 회화 체크

🎧 천천히 읽기 track 1-189　보통 읽기 track 1-190

部長　　キムさん、会議の　資料は　できましたか。

キムジウ　すみません。今、作って　います。

部長　　ええ、まだですか。
　　　　早く　準備して　ください。
　　　　会議は　もうすぐですよ。

キムジウ　はい、分かりました。

ゆき　　今日の　会議は　大変でしたね。

キムジウ　そうでしたね。ゆきさん、これから　何を　しますか。

ゆき　　友だちに　会って、飲みに　行きます。
　　　　お先に　失礼します。

キムジウ　はい、今日は　本当に　おつかれさまでした。

⭐ **단어**

会議 회의　資料 자료　できる 다 되다, 완성되다　まだ 아직　もうすぐ 곧, 이제 곧　分かる 알다, 이해하다
これから 지금부터, 이제부터　お先に 먼저　失礼する 실례하다　本当に 정말로　おつかれさまでした 수고하셨습니다

부장님　김 씨, 회의 자료는 다 되었습니까?
김지우　죄송합니다. 지금 만들고 있습니다.
부장님　네? 아직입니까? 빨리 준비해 주세요. 회의가 곧 시작됩니다.
김지우　네, 알겠습니다.

회화 무비

유키　　오늘 회의는 힘들었죠?
김지우　그랬어요. 유키 씨, 지금부터 무엇을 할 거에요?
유키　　친구를 만나서 술 마시러 가려고요. 먼저 실례하겠습니다.
김지우　네, 오늘은 정말 수고하셨습니다.

📍 새로 나온 표현

- **もうすぐですよ**　곧 시작됩니다

「もうすぐ」란 '이제 곧'이란 뜻입니다. '시작되다'라는 동사가 없지만 '곧 시작한다, 곧 진행이 될 것이다'라는 뜻으로 쓰입니다. 종조사 「よ」는 남에게 정보를 알려주거나, 가르칠 때, 잔소리할 때 많이 쓰입니다.

- **飲みに 行く**　마시러 가다

음료수나 물, 술 등을 마시러 간다는 표현으로, 특히 '술을 마시러 간다'는 의미로 많이 쓰입니다.

- **お先に 失礼します**　먼저 실례하겠습니다

상대방과 함께 있다가 먼저 자리를 뜰 때 쓰는 인사말입니다.

- **おつかれさまでした**　수고하셨습니다

회사에서 퇴근할 때나, 어떤 일이 끝난 후 서로에게 격려하는 인사말입니다.

 **연습 문제**   정답 p.213

1 다음 단어를 한글은 일본어로, 일본어는 한글로 써 보세요.

① 전기, 불 _____   ④ 洗う _____

② 이를 닦다 _____   ⑤ 写真 _____

③ 빨리 _____   ⑥ 窓を 閉める _____

2 예와 같이 다음 표의 빈칸을 채워 보세요.

예) 見る	みて	보고, 봐서	2그룹
① 寝る		자고, 자서	2그룹
② 泳ぐ		헤엄치고, 헤엄쳐서	1그룹
③ 死ぬ		죽고, 죽어서	1그룹
④ 話す		말하고, 말해서	1그룹
⑤ 歌う		노래하고, 노래해서	1그룹
⑥ 聞く		듣고, 들어서	1그룹
⑦ する		하고, 해서	3그룹
⑧ 待つ		기다리고, 기다려서	1그룹
⑨ 洗う		씻고, 씻어서	1그룹
⑩ 帰る		돌아가서, 돌아가서	1그룹

3 다음과 같이 문장을 만들어 보세요.

> ごはんを 食べる → 今、ごはんを 食べて います。

① 顔を 洗う → _____。
② 写真を とる → _____。
③ パソコンを 使う → _____。

4 다음 빈칸에 들어갈 알맞은 말을 써 보세요.

① 部屋に _____ ください。　방에 들어가세요.
② 写真を _____ ください。　사진을 찍어 주세요.
③ 今、日記を _____ います。　지금 일기를 쓰고 있습니다.
④ 公園を _____ います。　공원을 달리고 있습니다.

5 다음을 잘 듣고 그림에 맞는 사람의 이름을 써 넣으세요.　track **1-191**

A _____
B _____
C _____
D _____
E _____

일본 이야기

일본의 3대 장군

오다 노부나가

도요토미 히데요시

도쿠가와 이에야스

　16세기 일본은 옛날 중국의 춘추전국시대처럼 혼란한 시대였습니다. 중국에서 진시황이 전국통일을 이룬 것처럼, 일본도 전국시대를 종결짓고 16세기 말에 전국통일이 이루어집니다. 그 과정에서 활약한 세 명의 유명한 장군이 있는데, 바로 '오다 노부나가(織田信長)', '도요토미 히데요시(豊臣秀吉)', '도쿠가와 이에야스(德川家康)'입니다. 이 중 일본인에게 가장 인기 있고 통일의 기반을 마련한 인물은 오다 노부나가인데, 결국 통일의 열매를 가져간 사람은 도쿠가와 이에야스입니다. 도요토미 히데요시는 한국에서 평판이 나쁜 인물 중 하나로, 임진왜란을 일으킨 장본인이기도 하지요. 이 세 명의 장군에 얽힌 일화는 수없이 많지만, 다음의 시로 통일의 과정을 알 수가 있습니다.

　　　　　오다가 천하라는 떡을 찧고

　　　　　도요토미가 그 떡을 빚어

　　　　　도쿠가와가 앉은 채로 먹었다.

13 UNIT
お台場 (だいば) に 行 (い) った ことが ありますか。
오다이바에 간 적이 있습니까?

학습내용

- 동사의 た형
- 경험의 유무 ～た ことが あります
- 열거 ～たり、～たり します

동영상 강의

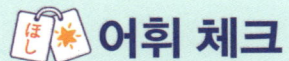 **어휘 체크**

그림을 보며 앞으로 배우게 될 어휘를 익혀 보세요.

track **1-192**

ちかてつ の
地下鉄に 乗る
지하철을 타다

しゅっちょう い
出張に 行く
출장을 가다

がいこく ご なら
外国語を 習う
외국어를 배우다

つく
キムチを 作る
김치를 만들다

いえ やす
家で 休む
집에서 쉬다

おく
メールを 送る
메일을 보내다

げいのうじん み
芸能人を 見る
연예인을 보다

た
すしを 食べる
초밥을 먹다

えい が み
映画を 見る
영화를 보다

핵심 문형 체크

1 お台場に 行った ことが ありますか。
오다이바에 간 적이 있습니까?

✓ 동사의 た형

track 1-193

'~했다'라는 과거를 나타내는 「동사의 た형」은 정중형 「~ました」의 반말 형태로, 활용법은 「동사의 て형」과 같습니다. 주로 친한 사람과 대화할 때 쓰이며, 의문문은 말끝을 올리면 됩니다. 「た형」은 반말 과거 외에 다른 패턴과 연결하여 새로운 문형을 만듭니다. 그룹별로 「동사의 た형」을 만들어 봅시다.

(1) 3그룹 동사

불규칙 동사이므로 암기합니다.

기본형	た형	의미
する	した	했다, 했어
くる	きた	왔다, 왔어

宿題、した(↑)。 숙제 했어?　　地下鉄が きた。 지하철이 왔다.

★ 단어
お台場 오다이바(지명)

(2) 2그룹 동사

어미 「る」를 없애고 「た」를 붙입니다.

기본형	た형	의미
見る	見た	봤다, 봤어
食べる	食べた	먹었다, 먹었어

朝 早く 起きた。 아침에 일찍 일어났다.

さいふを 忘れた(↑)。 지갑을 두고 왔어?

! TIP
「忘れる(잊다)」는 단순히 기억을 잊었다는 뜻뿐만 아니라, 지갑이나 숙제 등 가지고 가야 할 물건을 어딘가에 두고 왔을 때나 잃어버렸을 때에도 사용합니다.

★ 단어
さいふ 지갑
忘れる 잊다

핵심 문형 체크

(3) 1그룹 동사

- 어미가「う・つ・る」인 동사는 어미를 없애고「った」를 붙입니다.
- 어미가「ぬ・む・ぶ」인 동사는 어미를 없애고「んだ」를 붙입니다.
- 어미가「く・ぐ」인 동사는 어미를 없애고「いた/いだ」를 붙입니다.
- 어미가「す」인 동사는 어미를 없애고「した」를 붙입니다.
- 예외 1그룹 동사는 어미를 없애고「った」를 붙입니다.

기본형	활용	た형	의미
買う	った	買った	샀다, 샀어
待つ		待った	기다렸다, 기다렸어
作る		作った	만들었다, 만들었어
死ぬ	んだ	死んだ	죽었다, 죽었어
飲む		飲んだ	마셨다, 마셨어
遊ぶ		遊んだ	놀았다, 놀았어
書く	いた	書いた	썼다, 썼어
泳ぐ	いだ	泳いだ	헤엄쳤다, 헤엄쳤어
話す	した	話した	말했다, 말했어
*行く	った	行った	갔다, 갔어
*走る		走った	달렸다, 달렸어

地下鉄に 乗った。 지하철을 탔다.

昨日、家で 休んだ。 어제 집에서 쉬었다.

ゆうべ、メールを 送った。 어젯밤에 메일을 보냈다.

先月、出張に 行った。 지난달 출장을 갔었어.

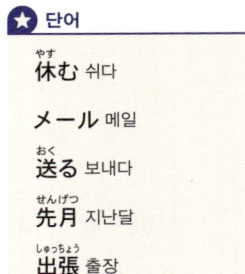

단어

休む 쉬다

メール 메일

送る 보내다

先月 지난달

出張 출장

✓ ～た ことが あります ~한 적이 있습니다

「동사의 た형」은 주로 과거 반말로 쓰이지만, 문장 중간에서 다른 표현과 결합하여 새로운 표현을 만들기도 합니다. 「동사의 た형」 뒤에 「ことが あります / ありません」이라는 말이 오면 '경험의 유무'를 나타내는 표현이 됩니다.

芸能人を 見た ことが あります。
연예인을 본 적이 있습니다.

外国語を 習った ことが ありません。
외국어를 배운 적이 없습니다.

キムチを 作った ことが ありますか。
김치를 만든 적이 있습니까?

★ 단어
芸能人 연예인
外国語 외국어
習う 배우다
キムチ 김치

---

2 ドライブを したり
おいしい ものを 食べたり します。
드라이브를 하거나 맛있는 걸 먹거나 합니다.

🎧 track 1-194

✓ ～たり、～たり します ~하거나 ~하거나 합니다

「동사의 た형」을 「たり」로 활용하면 '~하거나, ~하기도 하고'라는 뜻이 됩니다. 몇 가지 동작을 일어난 순서에 관계없이 열거할 때 쓰는 표현입니다.

地下鉄に 乗ったり、歩いたり します。
지하철을 타거나 걷거나 합니다.

家で そうじを したり、料理を したり しました。
집에서 청소를 하거나 요리를 하거나 했습니다.

行ったり、きたり します。
가기도 하고 오기도 합니다. (왔다 갔다 합니다.)

★ 단어
そうじ 청소
料理 요리

📝 핵심 문형 연습

○ 동사의 た형을 넣어서 말해 봅시다. 🎧 track **1-195**

勉強を した。
공부를 했다.

午後 一時に きた。
오후 1시에 왔다.

映画を 見た。
영화를 봤다.

窓を 開けた。
창문을 열었다.

車を 止めた。
차를 세웠다.

メールを 送った。
메일을 보냈다.

出張に 行った。
출장을 갔다.

日記を 書いた。
일기를 썼다.

家で 休んだ。
집에서 쉬었다.

友だちと 遊んだ。
친구와 놀았다.

⭐ 단어

窓を 開ける 창문을 열다
車 차, 자동차
止める 세우다, 멈추게 하다
メール 메일
送る 보내다
出張 출장
日記 일기
休む 쉬다
遊ぶ 놀다

〇 ～た ことが あります를 넣어서 말해 봅시다.

track 1-196

日本人(にほんじん)と 話(はな)した ことが あります。
일본인과 이야기한 적이 있습니다.

車(くるま)を 運転(うんてん)した ことが あります。
차를 운전한 적이 있습니다.

お酒(さけ)を 飲(の)んだ ことが あります。
술을 마신 적이 있습니다.

すしを 食(た)べた ことが ありますか。
초밥을 먹은 적이 있습니까?

단어
運転(うんてん)する 운전하다
すし 초밥

〇 ～たり、～たり します를 넣어서 말해 봅시다.

track 1-197

服(ふく)を 買(か)ったり 映画(えいが)を 見(み)たり します。
옷을 사거나 영화를 보거나 합니다.

書(か)いたり 消(け)したり しました。
썼다 지웠다 했습니다.

友(とも)だちと 話(はな)したり コーヒーを 飲(の)んだり します。
친구와 이야기하거나 커피를 마시거나 합니다.

ドアを 開(あ)けたり 閉(し)めたり しました。
문을 열었다 닫았다 했습니다.

단어
消(け)す 지우다
ドアを 開(あ)ける 문을 열다
ドアを 閉(し)める 문을 닫다

UNIT 13　お台場に 行った ことが ありますか。

실전 회화 체크

🎧 천천히 읽기 track **1-198**   보통 읽기 track **1-199**

イセホ　なかたさん、最近 元気ですね。
　　　　何か いい ことでも ありますか。

なかた　実は、ぼく、恋人が できました。

イセホ　本当ですか。おめでとうございます。
　　　　どうやって 会いましたか。

なかた　大学の 後輩です。

イセホ　そうですか。デートの 時、たいてい 何を しますか。

なかた　ドライブを したり、おいしい ものを 食べたり します。

イセホ　お台場に 行った ことが ありますか。

なかた　いいえ、行った ことが ありません。

イセホ　デートの 時、いい 場所ですよ。
　　　　恋愛、うらやましいですね。

⭐ 단어

最近 최근, 요즘	何か 뭔가	いいこと 좋은 일	実は 실은, 사실은	恋人 연인, 애인	できる (새로) 생기다
本当 정말	どうやって 어떻게 (해서)	大学 대학(교)	後輩 후배	デート 데이트	お台場 오다이바(지명)
場所 장소	恋愛 연애	うらやましい 부럽다			

이세호	나카타 씨, 요즘 활기가 넘치네요. 뭔가 좋은 일이라도 있어요?
나카타	실은 저, 애인이 생겼어요.
이세호	정말이에요? 축하해요. 어떻게 만났어요?
나카타	대학 후배예요.
이세호	그래요? 데이트할 때 주로 뭘 하나요?
나카타	드라이브를 하기도 하고, 맛있는 걸 먹기도 해요.
이세호	오다이바에 간 적이 있나요?
나카타	아뇨, 간 적이 없습니다.
이세호	데이트할 때 좋은 장소지요. 연애라, 부럽네요.

회화 무비

📍 새로 나온 표현

- **何か** 뭔가, 무언가

「何が(무엇이)」와 구분해서 씁니다. 예를 들어 「何が 食べたいですか(무엇이 먹고 싶습니까?)」는 먹고 싶은 음식이 구체적으로 무엇인지 묻는 말이며, 「何か 食べたいですか(뭔가 먹고 싶습니까?)」는 음식 자체를 먹고 싶은지 아닌지를 묻는 말입니다.

- **恋人が できました** 애인이 생겼어요

「できる」의 기본뜻은 '할 수 있다'이지만, '없던 것이 새로 생기다'라는 뜻도 있습니다. 사람이나 사물 모두에 대해 사용할 수 있는 표현입니다.

예) あかちゃんが できた。 아기가 생겼다.
新しい たてものが できた。 새로운 건물이 생겼다.

- **どうやって** 어떻게 (해서)

방법이나 수단에 대해 비교적 구체적으로 물을 때 사용합니다.

 **연습 문제**

정답 p.214

1 다음 단어를 한글은 일본어로, 일본어는 한글로 써 보세요.

① (교통수단) 타다 _____   ④ 外国語 _____

② 혼자서 _____   ⑤ 遊ぶ _____

③ 연인, 애인 _____   ⑥ 出張 _____

2 예와 같이 다음 표의 빈칸을 채워 보세요.

(예) 見る	みた	봤다	2그룹
① 使う		사용했다	1그룹
② くる		왔다	3그룹
③ 行く		갔다	1그룹
④ 乗る		탔다	1그룹
⑤ 買う		샀다	1그룹
⑥ 持つ		가졌다	1그룹
⑦ 書く		썼다	1그룹
⑧ 食べる		먹었다	2그룹
⑨ 飲む		마셨다	1그룹
⑩ 入る		들어갔다	1그룹

3 다음과 같이 문장을 만들어 보세요.

> 映画を 見る / コーヒーを 飲む
> → 映画を 見たり、コーヒーを 飲んだり します。

① そうじを する / 料理を 作る
　→ _____。

② 写真を とる / まちを 歩く
　→ _____。

③ お風呂に 入る / 本を 読む
　→ _____。

4 다음 빈칸에 들어갈 알맞은 말을 써 보세요.

① 日本人と _____ ことが ありますか。　일본인과 이야기한 적이 있습니까?

② _____ きたり します。　왔다 갔다 합니다.

③ さいふを _____ 。　지갑을 두고 왔다.

④ キムチを _____ ことが あります。　김치를 만든 적이 있습니다.

5 다음을 잘 듣고 내용과 일치하는 것을 골라 보세요.　　track **1-200**

① 유미는 일본에 여행을 간 적이 없다. (　)

② 유미는 일본에서 지하철을 타본 적이 있다. (　)

일본 이야기

ウナギ
우 나 기

장어 (우나기, ウナギ)

    일본에서는 더운 여름, 장마가 끝나고 한창 습도가 높아지는 복날에 보양식으로 장어를 먹습니다. 한국에서 삼계탕을 먹는 것처럼 말이지요. 복날을 일본어로 '도요(どよう)'라고 하는데, 이 때 장어 전문점은 전국적으로 북새통을 이룹니다. 일본인이 사랑하는 장어는 맛도 맛이지만 그 생태가 매우 특이해서 과학적으로도 연구가치가 높습니다.

    장어는 연어의 생애주기와 반대로, 바다에서 태어나 강에서 대부분의 생애를 보내고 산란을 위해 다시 바다로 돌아갑니다. 바다에서 알을 낳고 새끼를 키우기 때문에, 장어의 수정, 부화, 성장과정을 직접 목격한 이는 아직 없다고 합니다. 바다가 너무 넓고 부화 장소 또한 광범위해서 정확한 산란 장소를 찾을 수가 없기 때문입니다. 최첨단 시대인 21세기에 말이지요. 또한 장어는 알에서 부화한 직후 치어의 모습과 조금 성장한 치어의 모습이, 마치 고등어와 도마뱀만큼이나 완전히 다르기 때문에, 오랜 세월동안 이 치어들이 장어의 새끼라는 사실조차 몰랐던 것입니다. 바다에서 나고 바다로 돌아가니 물고기가 분명한데, 땅을 기어 다니고, 심지어는 산을 오르기도 하니, 장어는 그 생태만큼이나 신비로운 생물 중 하나입니다.

14 UNIT ナイフを 使っても いいですか。

칼을 사용해도 되나요?

학습내용
- 허가 ～ても いいです
- 금지 ～ては いけません
- 상태 ～て いる
- 준비 ～て おく
- 시도 ～て みる
- 충고 ～た ほうが いい

동영상 강의

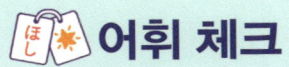 어휘 체크

그림을 보며 앞으로 배우게 될 어휘를 익혀 보세요.

 track **1-201**

セーターを 着る
스웨터를 입다

ワンピースを 着る
원피스를 입다

ぼうしを かぶる
모자를 쓰다

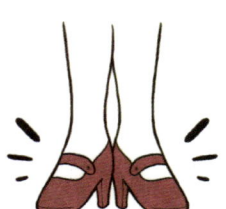
くつを はく
신발을 신다

スカートを はく
치마를 입다

ベルトを する
벨트를 하다

めがねを かける
안경을 쓰다

エプロンを かける
앞치마를 입다

ネックレスを する
목걸이를 하다

핵심 문형 체크

1 ナイフを 使っても いいですか。
칼을 사용해도 되나요?

✓ 〜ても いいです ~해도 됩니다

track 1-202

「동사의 て형」에 「〜も いいです」를 붙이면 '~을/를 해도 됩니다'라고 허가를 하는 표현이 됩니다. 뒤에 의문을 나타내는 말 「か」를 붙여 「〜ても いいですか」라고 하면 '~해도 되나요?'라는 허가를 구하는 표현이 됩니다.

パソコンを 使っても いいです。 컴퓨터를 사용해도 됩니다.

お弁当を 食べても いいです。 도시락을 먹어도 됩니다.

教室で 走っても いいですか。 교실에서 뛰어도 되나요?

★ **단어**

ナイフ 나이프, 칼
お弁当 도시락
教室 교실
走る 뛰다, 달리다

2 いいえ、使っては いけません。
아니요, 사용하면 안 됩니다.

✓ 〜ては いけません ~하면 안 됩니다

track 1-203

'~하면 안 됩니다'라는 금지 표현은 「동사의 て형」에 「〜は いけません」을 붙입니다.

パソコンを 使っては いけません。 컴퓨터를 사용하면 안 됩니다.

お弁当を 食べては いけません。 도시락을 먹으면 안 됩니다.

教室で 走っては いけません。 교실에서 뛰면 안 됩니다.

핵심 문형 체크

3. エプロンも かけて います。
앞치마도 입었습니다.

🎧 track **1-204**

✓ ～て いる ～하고 있다

「～て いる」는 '진행' 외에도 '행위나 상태의 지속'을 나타내는데, 어떤 동작이 끝난 후 그 상태가 계속 유지되고 있는 상황을 표현합니다. 「エプロンも かけて います」는 그대로 해석하면 '앞치마도 입고 있습니다'이지만, 앞치마를 입은 후 벗지 않고 현재 착용상태가 지속되고 있음을 나타내는 말로, '입었습니다'라고 해석하는 것이 자연스럽습니다.

상의, 외투	하의, 신발	액세서리	모자	안경, 앞치마
着る 입다	はく 입다/신다	する 하다	かぶる 쓰다	かける 쓰다/두르다/걸치다

ワンピースを 着て います。 원피스를 입었습니다.

彼は くろい くつを はいて います。 그는 검은 구두를 신었습니다.

彼女は めがねを かけて います。 그녀는 안경을 썼습니다.

⭐ **단어**
エプロンをかける 앞치마를 입다
ワンピース 원피스
めがねをかける 안경을 쓰다

4. テーブルの 上に 準備して おきました。
테이블 위에 준비해 놨습니다.

🎧 track **1-205**

✓ ～て おく ～해 두다

「～て おく」는 '(~을/를) 해 두다'라는 뜻으로, 준비를 해 놓는다는 말입니다. 「おく」는 '두다, 놓다'라는 뜻의 동사 「置く」인데, 이 경우 「～て」 뒤에서 보조동사로 쓰이며, 히라가나로 씁니다.

田中さんに 電話して おきます。 다나카 씨에게 전화해 놓겠습니다.

そうじして おきました。 청소해 두었습니다.

予約して おいて ください。 예약해 두세요.

❗ **TIP**
「～て おく」는 명령표현인 「～て ください」와 결합하여 「～て おいて ください(해 두세요)」로 많이 쓰입니다.

⭐ **단어**
電話する 전화하다
そうじする 청소하다
予約する 예약하다

5 サンドイッチを 作って みましょう。
샌드위치를 만들어 봅시다.

～て みる ~해 보다

「～て みる」는 '해 보다'라는 뜻으로 '시도'를 나타내는 말입니다. 여기서 「みる」는 한자로 쓰지 않고 히라가나로 씁니다.

一度 食べて みます。 한 번 먹어 보겠습니다.

日本料理を 作って みます。 일본요리를 만들어 보겠습니다.

단어
- サンドイッチ 샌드위치
- 一度 한 번
- 日本料理 일본요리

6 しょうゆより しおを 入れた ほうが いいですよ。
간장보다 소금을 넣는 편이 좋습니다.

～た ほうが いい ~하는 편이 좋다

「～た ほうが いい」는 '~(하)는 편이 좋다'는 '충고'의 표현입니다. 앞에 「동사의 た형」이 오는데, 이 경우에는 과거나 반말의 의미를 나타내지 않습니다.

早く 帰った ほうが いいです。
빨리 돌아가는 편이 좋습니다.

ゆっくり 休んだ ほうが いいです。
푹 쉬는 편이 좋습니다.

단어
- しょうゆ 간장
- しお 소금
- 入れる 넣다
- ゆっくり 푹, 느긋하게

📝 핵심 문형 연습

○ ～ても いいです를 넣어서 말해 봅시다. 🎧 track 1-208

食べても いいです。
먹어도 됩니다.

使っても いいです。
사용해도 됩니다.

帰っても いいです。
돌아가도 됩니다.

遊びに 行っても いいですか。
놀러가도 됩니까?

★ 단어
使う 쓰다, 사용하다
帰る 돌아가다
遊ぶ 놀다

○ ～ては いけません을 넣어서 말해 봅시다. 🎧 track 1-209

食べては いけません。
먹으면 안 됩니다.

写真を とっては いけません。
사진을 찍으면 안 됩니다.

タバコを すっては いけません。
담배를 피우면 안 됩니다.

しばふに 入っては いけません。
잔디밭에 들어가면 안 됩니다.

★ 단어
写真をとる 사진을 찍다
タバコをすう 담배를 피우다
しばふ 잔디밭
入る 들어가다

○ 〜て いる를 넣어서 말해 봅시다.

track 1-210

めがねを かけて います。
안경을 썼습니다.

ピアスを して います。
귀걸이를 했습니다.

スカートを はいて います。
치마를 입었습니다.

セーターを 着て います。
스웨터를 입었습니다.

단어

めがねをかける 안경을 쓰다

ピアスをする 귀걸이를 하다

スカートをはく 치마를 입다

セータを着る 스웨터를 입다

○ 〜た ほうが いい를 넣어서 말해 봅시다.

track 1-211

早く 行った ほうが いいです。
빨리 가는 편이 좋습니다.

ゆっくり 休んだ ほうが いいです。
푹 쉬는 편이 좋습니다.

薬を 飲んだ ほうが いいですよ。
약을 먹는 편이 좋습니다.

あかい かばんを 買った ほうが いいです。
빨간 가방을 사는 편이 좋습니다.

단어

ゆっくり 푹, 느긋하게

薬を飲む 약을 먹다

UNIT 14 ナイフを 使っても いいですか。

실전 회화 체크

🎧 천천히 읽기 track **1-212**　보통 읽기 track **1-213**

先生　みなさん、手を 洗いましたか。

学生1　はい、エプロンも かけて います。

先生　じゃ、今から サンドイッチを 作って みましょう。

学生2　先生、ナイフを 使っても いいですか。

先生　いいえ、使っては いけません。あぶないですよ。
　　　材料は テーブルの 上に 準備して おきました。

学生2　はい、分かりました。

学生1　先生、ゆで卵の 味が うすいです。
　　　しょうゆを 入れても いいですか。

先生　しょうゆより しおを 入れた ほうが いいですよ。

学生1　はい、分かりました。

⭐ 단어

今から 지금부터　**ナイフ** 나이프, 칼　**あぶない** 위험하다　**材料** 재료　**準備する** 준비하다
分かる 알다, 이해하다　**ゆで卵** 삶은 달걀　**味** 맛　**うすい** 연하다, 싱겁다　**しょうゆ** 간장　**しお** 소금

선생님	여러분, 손을 씻었나요?
학생1	네, 앞치마도 입었습니다.
선생님	그럼, 지금부터 샌드위치를 만들어 봐요.
학생2	선생님, 칼을 사용해도 되나요?
선생님	아니요, 사용하면 안 됩니다. 위험해요. 재료는 테이블 위에 준비해 놓았습니다.
학생2	네, 알겠습니다.
학생1	선생님, 삶은 달걀의 맛이 싱거워요. 간장을 넣어도 될까요?
선생님	간장보다 소금을 넣는 게 좋아요.
학생1	네, 알겠습니다.

🔖 새로 나온 표현

● ゆで卵 (たまご)　　삶은 달걀

「ゆで卵(たまご)」는 「ゆでる(삶다)」라는 동사와 「卵(たまご)(달걀)」라는 명사가 합쳐진 말입니다. 달걀프라이는 「目玉焼(めだまや)き」라고 합니다. 「目玉(めだま)」는 '눈알'이란 뜻이고, 「焼(や)き」는 동사 「焼(や)く(굽다)」의 명사 형태입니다. 노른자를 터뜨리지 않고 만든 모양에서 따온 재미있는 말입니다.

● 味(あじ)が うすい　　맛이 싱겁다

음식의 간이 진하지 않고 맛이 가볍고 담백하다는 뜻을 나타냅니다. 반대로 '맛이 진하다'는 「味(あじ)が こい」라고 합니다.

 **연습 문제**

정답 p.215

1 다음 단어를 한글은 일본어로, 일본어는 한글로 써 보세요.

① 스웨터 _____   ④ 着る _____

② (하의를) 입다 _____   ⑤ くつ _____

③ 벨트 _____   ⑥ エプロン _____

2 다음과 같이 대답해 보세요.

> A: 写真を とっても いいですか。
> B: はい、とっても いいです。
>   いいえ、とっては いけません。

① A: お酒を 飲んでも いいですか。
   B: はい、_____。
      いいえ、_____。

② A: タバコを すっても いいですか。
   B: はい、_____。
      いいえ、_____。

③ A: しばふに 入っても いいですか。
   B: はい、_____。
      いいえ、_____。

3 다음 그림을 보고 빈칸에 들어갈 알맞은 말을 써 보세요.

はなこ

① はなこさんは　めがねを

_____。

② はなこさんは　あおい　スカートを

_____。

③ はなこさんは　ベルトを

_____。

4 다음 빈칸에 들어갈 알맞은 말을 써 보세요.

① 早く _____ ほうが　いいです。　빨리 돌아가는 편이 좋습니다.

② セーターを _____ います。　스웨터를 입었습니다.

③ この　パソコン、_____ いいですか。　이 컴퓨터 사용해도 되나요?

④ ここで　写真を　とっては _____。　여기서 사진을 찍으면 안 됩니다.

5 다음을 잘 듣고 내용과 일치하는 것을 골라 보세요.　track **1-214**

① 女の　人は　ねつが　あります。(　)

② 女の　人は　薬屋に　行きました。(　)

UNIT 14　ナイフを　使っても　いいですか。

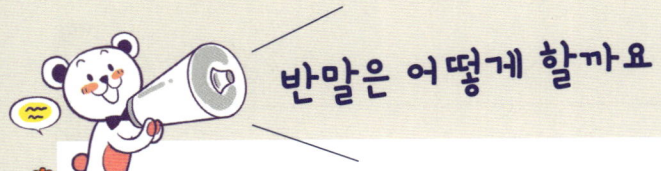

반말은 어떻게 할까요

track **1-215**

○ パソコン、使っても いい。
컴퓨터 써도 돼.

パソコン、使っては いけない。
컴퓨터 쓰면 안 돼.

ワンピースを 着て いる。
원피스를 입고 있어.

彼は くろい くつを はいて いる。
그는 검은 구두를 신었어.

彼女は めがねを かけて いる。
그녀는 안경을 썼어.

연습문제 정답과 스크립트

연습문제 정답과 스크립트

01 わたしは がくせいです。

1. ① がくせい ④ 이름
   ② かいしゃいん ⑤ 일본인
   ③ ともだち ⑥ 나, 저

2. ① A スミスさんは かいしゃいんですか。
   B はい、スミスさんは かいしゃいんです。
   ② A はやしさんは がくせいですか。
   B はい、はやしさんは がくせいです。
   ③ A かれは えいごの せんせいですか。
   B はい、かれは えいごの せんせいです。

3. ① A ゆきさんは せんせいですか。
   B いいえ、ゆきさんは せんせいじゃ ありません。
   ② A オさんは アメリカじんですか。
   B いいえ、オさんは アメリカじんじゃ ありません。
   ③ A トマトは くだものですか。
   B いいえ、トマトは くだものじゃ ありません。

4. ① かれも べんごしですか。
   ② わたしの なまえは ゆきです。
   ③ こちらは はやしさんです。
   ④ スミスさんは えいごの せんせいです。

5. ②

   스크립트
   A はじめまして。わたしは イセホです。
   B ① はい、わたしは やまだです。
   ② はじめまして。わたしは やまだです。
   ③ いいえ、わたしは やまだじゃ ありません。

   A 처음 뵙겠습니다. 저는 이세호입니다.
   B ① 네, 저는 야마다입니다.
   ② 처음 뵙겠습니다. 저는 야마다입니다.
   ③ 아니요, 저는 야마다가 아닙니다.

02 なんじですか。

1. ① ごぜん ④ 테스트, 시험
   ② あした ⑤ 회의
   ③ なんじ ⑥ 수업

2. ① A いまは なんじですか。
   B いまは よじ ごじゅうごふんです。
   ② A いまは なんじですか。
   B いまは じゅうにじ さんじゅっぷんです。
   いまは じゅうにじ さんじっぷんです。
   いまは じゅうにじ はんです
   ③ A いまは なんじですか。
   B いまは ろくじ よんじゅっぷんです。
   いまは ろくじ よんじっぷんです。

3. ① A やすみは いつから いつまでですか。
   B きんようびから にちようびまでです。
   ② A かいぎは なんじから なんじまでですか。
   B ごご さんじから ごじまでです。
   ③ A テストは いつから いつまでですか。
   B かようびから もくようびまでです。

4. ① きょうは なんようびですか。
   ② いま、なんじ なんぷんですか。
   ③ ごご しちじです。
   ④ じゅぎょうは げつようびから きんようびまでです。

5. ②

스크립트

A かいぎは なんじからですか。
B ① ごごです。
　② さんじからです。
　③ よじまでです。

A 회의는 몇 시부터입니까?
B ① 오후입니다.
　② 3시부터입니다.
　③ 4시까지입니다.

스크립트

A あれは なんですか。
B ① あれは とけいじゃ ありません。
　② あれは わたしの けいたいです。
　③ それは かばんです。

A 저것은 무엇입니까?
B ① 저것은 시계가 아닙니다.
　② 저것은 나의 휴대전화입니다.
　③ 그것은 가방입니다.

03 たんじょうびは きのうでした。

1　① たんじょうび　　④ 어린이날
　② にゅうがくしき　⑤ 정월, 설날
　③ きのう　　　　　⑥ 크리스마스

2　① A それは なんですか。
　　　B これは けいたいです。
　② A あれは なんですか。
　　　B あれは ぼうしです。
　③ A これは なんですか。
　　　B それは えんぴつです。

3

1일	2일	3일	4일	5일
ついたち	ふつか	みっか	よっか	いつか
6일	7일	8일	9일	10일
むいか	なのか	ようか	ここのか	とおか

4　① きのうは やすみでしたか。
　② いいえ、やすみじゃ ありませんでした。
　③ クリスマスは じゅうにがつ にじゅうご
　　にちです。
　④ たんじょうびは はつかでした。

5　②

04 まじめな ひとです。

1　① おとうと　　④ 건강하다, 활발하다
　② ハンサムだ　⑤ (나의) 언니, 누나
　③ ひまだ　　　⑥ 간단하다

2　① A やまださん、だいじょうぶですか。
　　　B はい、だいじょうぶです。
　　　　いいえ、だいじょうぶじゃ ありません。
　② A おしごとは たいへんですか。
　　　B はい、たいへんです。
　　　　いいえ、たいへんじゃ ありません。
　③ A この けいたいは べんりですか。
　　　B はい、べんりです。
　　　　いいえ、べんりじゃ ありません。

3　① かのじょは すてきな ともだちです。
　② かれは まじめな がくせいです。
　③ キムさんは げんきな ひとです。

4　① だいじょうぶですか。
　② しごとは たいへんじゃ ありません。
　③ この もんだいは かんたんです。
　④ その しゃしんは すてきな しゃしんです。

5　③

연습문제 정답과 스크립트

스크립트
A この ひとは だれですか。
B ① この ひとは わたしの おとうとです。
② その ひとは わたしの おとうとさんです。
③ その ひとは わたしの おとうとです。

A 이 사람은 누구입니까?
B ① 이 사람은 나의 남동생입니다.
② 그 사람은 나의 남동생분입니다.
③ 그 사람은 나의 남동생입니다.

05 あの あかい かばん、かわいいですね。

1 ① ちかい ④ 멀다
② おおきい ⑤ 검다
③ からい ⑥ 맛있다

2 ① A この かばんは たかいですか。
B はい、たかいです。
いいえ、たかく ありません。

② A あの えいがは おもしろいですか。
B はい、おもしろいです。
いいえ、おもしろく ありません。

③ A かいしゃは ちかいですか。
B はい、ちかいです。
いいえ、ちかく ありません。

3 ① さむい ふゆです。
② おもしろい ほんです。
③ たかい とけいです。

4 ① へやは ひろいですか。
② てんきが よく ありません。
③ からい ラーメンです。
④ その かばんは ろくせん はっぴゃく えんです。

5 ②

스크립트
A セホさんの かばんは どんな かばんですか。
B おおきい かばんです。

A 세호 씨의 가방은 어떤 가방입니까?
B 큰 가방입니다.

06 海が きれいで、あつい ところです。

1 ① きれいだ ④ 새롭다
② あつい ⑤ 좋아하다
③ じょうずだ ⑥ 좁다

2 ① 有名で にぎやかです。
② まじめで、元気です。
③ さむくて くらいです。
④ 辛くて おいしいです。

3 ① A けいたいと パソコンと どちらが べんり ですか。
B パソコンより けいたいの ほうが べんり です。

② A イさんと キムさんと どちらが うんどう が 上手ですか。
B キムさんより イさんの ほうが うんどう が 上手です。

③ A かばんと 本と どちらが 大きいですか。
B 本より かばんの ほうが 大きいです。

4 ① ゆきは まじめで、べんきょうも 上手です。
② かれは あたまが よくて、せが 高いです。
③ 私は うんてんが きらいで、うんどうも 下手です。
④ サッカーと テニスと どちらが 好きですか。

5 ①

スクリプト

A はなこさん、ピザと ハンバーガーと どちらが 好きですか。
B 私は ピザより ハンバーガーの ほうが 好きです。

A 하나코 씨, 피자와 햄버거 중에 어느 쪽을 좋아해요?
B 저는 피자보다 햄버거 쪽을 좋아해요.

07 とても 楽しかったです。

1 ① ホテル ④ 学校
　② ぎんこう ⑤ 公園
　③ 不便だ ⑥ 즐겁다

2 ① A デパートは にぎやかでしたか。
　　B いいえ、にぎやかじゃ ありませんでした。
　② A こうつうは 便利でしたか。
　　B はい、便利でした。
　③ A ホテルは きれいでしたか。
　　B いいえ、きれいじゃ ありませんでした。

3 ① A てんきは よかったですか。
　　B いいえ、よく ありませんでした。
　② A 映画は おもしろかったですか。
　　B いいえ、おもしろく ありませんでした。
　③ A りょこうは 楽しかったですか。
　　B はい、楽しかったです。

4 ① びょういんは あそこです。
　② ぎんこうは どこですか。
　③ 食べ物の 中で 何が 一番 好きですか。
　④ 映画の 中で 何が 一番 おもしろかったですか。

5 ②

スクリプト

A セホさん、子どもの 時、やさいが 好きでしたか。
B いいえ、やさいは 好きじゃ ありませんでした。
A 今は 好きですか。
B 今も 好きじゃ ありません。

A 세호 씨, 어렸을 때 채소를 좋아했나요?
B 아니요, 채소는 좋아하지 않았습니다.
A 지금은 좋아하나요?
B 지금도 좋아하지 않습니다.

08 テーブルの 上に あります。

1 ① 右 ④ 왼쪽
　② お菓子 ⑤ 누구
　③ 外 ⑥ 뒤

2 ① けいたいと ノートと けしゴムが あります。
　② かばんと かさが あります。
　③ 五つ あります。

3 ① 二人 います。
　② 三人です。
　③ 女の 人が 一人 います。

4 ① だれも いませんか。
　② じむしつは 十階に あります。
　③ つくえの 下に かばんが あります。
　④ きょうしつの 中に 学生が ２０人 います。

5 ②

スクリプト

A あの、すみません。トイレは どこに ありますか。

연습문제 정답과 스크립트

B エレベーターの よこです。
A かいぎしつは どこですか。
B かいぎしつは 3階に あります。

A 저, 실례합니다. 화장실은 어디에 있나요?
B 엘리베이터 옆입니다.
A 회의실은 어디입니까?
B 회의실은 3층에 있습니다.

④ 何時に 寝ますか。

5 A③ B④ C② D①

스크립트
① ききます。　① 듣습니다.
② 帰ります。　② 돌아갑니다.
③ 飲みます。　③ 마십니다.
④ 話します。　④ 이야기합니다.

09 週末は たいてい 何を しますか。

1

① 寝る	ねる	자다	2그룹
② 洗う	あらう	씻다	1그룹
③ 行く	いく	가다	1그룹
④ くる	くる	오다	3그룹
⑤ 入れる	いれる	넣다	2그룹
⑥ 話す	はなす	이야기하다	1그룹
⑦ 書く	かく	쓰다	1그룹
⑧ 食べる	たべる	먹다	2그룹
⑨ 飲む	のむ	마시다	1그룹
⑩ 作る	つくる	만들다	1그룹

2 ① きます
② おしえます
③ 入ります
④ およぎます

3 ① A ときどき 映画を 見ますか。
　　B いいえ、よく 見ます。
② A 今日 おそく 帰りますか。
　　B いいえ、はやく 帰ります。
③ A 朝 はやく 起きますか。
　　B いいえ、おそく 起きます。

4 ① 誰と 音楽を ききますか。
② 私は まいあさ 新聞を 読みます。
③ 週末、友だちと 山に 行きます。

10 家で 勉強を しました。

1 ① きく　　④ 전화
② ゆうべ　　⑤ 지하철
③ タバコをすう　⑥ 마시다

2 ① A よく 映画を 見ますか。
　　B いいえ、あまり 見ません。
② A ときどき タバコを すいますか。
　　B いいえ、ぜんぜん すいません。
③ A よく 音楽を ききますか。
　　B いいえ、あまり ききません。

3 ① A 昨日、そうじを しましたか。
　　B いいえ、しませんでした。
② A 昨日、かばんを 買いましたか。
　　B いいえ、買いませんでした。
③ A ゆうべ、シャワーを あびましたか。
　　B いいえ、あびませんでした。

4 ① どこで 本を 読みますか。
② 先週、友だちが 日本に(へ) 帰りました。
③ 学校まで 電車で きます。
④ どこに(へ) 行きますか。

5 ①, ③

スクリプト

セホさんは 昨日、シンチョンで 友だちに 会いました。友だちと カフェに 行きました。友だちは コーヒーを 飲みましたが、セホさんは 飲みませんでした。音楽も ききました。いっしょに まんがも 読みました。夜8時に 地下鉄で 家に 帰りました。

세호 씨는 어제 신촌에서 친구를 만났습니다. 친구와 카페에 갔습니다. 친구는 커피를 마셨지만, 세호 씨는 마시지 않았습니다. 음악도 들었습니다. 함께 만화도 보았습니다. 저녁 8시에 지하철로 집에 돌아갔습니다.

11 食事に 行きませんか。

1 ① ドライブ　　④ 사다, 구입하다
② お風呂に 入る　⑤ 산책
③ 新聞　　　　　⑥ 나가다, 외출하다

2 ① ごはんを 食べませんか。
　　 ごはんを 食べましょうか。
② 散歩を しませんか。
　　 散歩を しましょうか。
③ 映画を 見に 行きませんか。
　　 映画を 見に 行きましょうか。
④ 買い物に 行きませんか。
　　 買い物に 行きましょうか。

3 ① A 日本に 行きたいですか。
　　　 B はい、行きたいです。
② A すしが 食べたいですか。
　　 B いいえ、食べたく ありません。
③ A 友だちに 会いたいですか。
　　 B はい、会いたいです。

4 ① 音楽を 聞きながら コーヒーを 飲みます。
② ドライブでも しませんか。
③ デパートに 服を 買いに 行きましょうか。
④ あたたかい お茶が 飲みたいです。

5 ①

スクリプト

A パクさん、明日 一緒に 映画を 見に 行きませんか。
B すみません、明日は ちょっと…。やくそくが あります。
A 来週の 土ようびは どうですか。
B はい、いいですね。来週の 土ようびに 行きましょう。
A 映画を 見ながら ポップコーンも 食べましょうか。
B ええ、そうしましょう。

A 박 씨, 내일 함께 영화보러 가지 않을래요?
B 미안해요, 내일은 좀…. 약속이 있어요.
A 다음 주 토요일은 어때요?
B 네, 좋아요. 다음 주 토요일에 가요.
A 영화를 보면서 팝콘도 먹을까요?
B 네, 그렇게 해요.

12 早く 準備して ください。

1 ① 電気　　　　④ 씻다
② 歯をみがく　⑤ 사진
③ 早く　　　　⑥ 창문을 닫다

2

① 寝る	ねて	자고, 자서	2그룹
② 泳ぐ	およいで	헤엄치고, 헤엄쳐서	1그룹
③ 死ぬ	しんで	죽고, 죽어서	1그룹
④ 話す	はなして	말하고, 말해서	1그룹
⑤ 歌う	うたって	노래하고, 노래해서	1그룹

연습문제 정답과 스크립트

⑥ 聞く	きいて	듣고, 들어서	1그룹
⑦ する	して	하고, 해서	3그룹
⑧ 待つ	まって	기다리고, 기다려서	1그룹
⑨ 洗う	あらって	씻고, 씻어서	1그룹
⑩ 帰る	かえって	돌아가고, 돌아가서	1그룹

3 ① 今、顔を 洗って います。
② 今、写真を とって います。
③ 今、パソコンを 使って います。

4 ① 部屋に 入って ください。
② 写真を とって ください。
③ 今、日記を 書いて います。
④ 公園を 走って います。

5 A すずき B たなか C セホ
D きむら E ユリ

스크립트

ユリさんは ジュースを 飲んで います。
たなかさんは 写真を とって います。
セホさんは 音楽を 聞いて います。
すずきさんは 寝て います。
きむらさんは お菓子を 食べて います。

유리 씨는 주스를 마시고 있습니다.
다나카 씨는 사진을 찍고 있습니다.
세호 씨는 음악을 듣고 있습니다.
스즈키 씨는 자고 있습니다.
기무라 씨는 과자를 먹고 있습니다.

13 お台場に 行った ことが ありますか。

1 ① 乗る ④ 외국어
② 一人で ⑤ 놀다
③ 恋人 ⑥ 출장

2

① 使う	つかった	사용했다	1그룹
② くる	きた	왔다	3그룹
③ 行く	いった	갔다	1그룹
④ 乗る	のった	탔다	1그룹
⑤ 買う	かった	샀다	1그룹
⑥ 持つ	もった	가졌다	1그룹
⑦ 書く	かいた	썼다	1그룹
⑧ 食べる	たべた	먹었다	2그룹
⑨ 飲む	のんだ	마셨다	1그룹
⑩ 入る	はいった	들어갔다	1그룹

3 ① そうじを したり、料理を 作ったり します。
② 写真を とったり、まちを 歩いたり します。
③ お風呂に 入ったり、本を 読んだり します。

4 ① 日本人と 話した ことが ありますか。
② 行ったり きたり します。
③ さいふを 忘れた。
④ キムチを 作った ことが あります。

5 ①

스크립트

りか ユミさんは 日本に 行った ことが ありますか。
ユミ いいえ、行った ことが ありません。一度 行きたいです。
りか 日本に 行って、何が したいですか。
ユミ 地下鉄に 乗ったり、おいしい 料理を 食べたり したいです。

리카 유미 씨는 일본에 간 적이 있나요?
유미 아니요, 간 적이 없습니다. 한 번 가고 싶어요.
리카 일본에 가서 무엇을 하고 싶나요?
유미 지하철을 타거나 맛있는 요리를 먹거나 하고 싶어요.

14 ナイフを 使っても いいですか。

1
① セーター　　④ (상의) 입다
② はく　　　　⑤ 신발, 구두
③ ベルト　　　⑥ 앞치마

2 ① A お酒を 飲んでも いいですか。
　　B はい、飲んでも いいです。
　　　いいえ、飲んでは いけません。

② A タバコを すっても いいですか。
　　B はい、すっても いいです。
　　　いいえ、すっては いけません。

③ A しばふに 入っても いいですか。
　　B はい、入っても いいです。
　　　いいえ、入っては いけません。

3 ① はなこさんは めがねを かけて います。
② はなこさんは あおい スカートを はいて います。
③ はなこさんは ベルトを して います。

4 ① 早く 帰った ほうが いいです。
② セーターを 着て います。
③ この パソコン、使っても いいですか。
④ ここで 写真を とっては いけません。

5 ①

스크립트
女 あたまが いたいです。ねつも あります。
　 この 薬、飲んでも いいですか。
男 この 薬は 風邪薬じゃ ありません。
　 飲んでは いけません。
女 すみませんが、薬屋に 行って 風邪薬を
　 買って きて ください。
男 病院に 行った ほうが いいですが、
　 時間が ありませんね。買って おきます。

여 머리가 아파요. 열도 있습니다. 이 약 먹어도 되나요?
남 이 약은 감기약이 아닙니다. 먹으면 안 됩니다.
여 미안하지만, 약국에 가서 감기약을 사다 주세요.
남 병원에 가는 편이 좋은데, 시간이 없네요. 사 둘게요.

가타카나 50음도

track 2-002

	ア단	イ단	ウ단	エ단	オ단
ア행	ア a 아	イ i 이	ウ u 우	エ e 에	オ o 오
カ행	カ ka 카	キ ki 키	ク ku 쿠	ケ ke 케	コ ko 코
サ행	サ sa 사	シ shi 시	ス su 스	セ se 세	ソ so 소
タ행	タ ta 타	チ chi 치	ツ tsu 츠	テ te 테	ト to 토
ナ행	ナ na 나	ニ ni 니	ヌ nu 누	ネ ne 네	ノ no 노
ハ행	ハ ha 하	ヒ hi 히	フ hu 후	ヘ he 헤	ホ ho 호
マ행	マ ma 마	ミ mi 미	ム mu 무	メ me 메	モ mo 모
ヤ행	ヤ ya 야		ユ yu 유		ヨ yo 요
ラ행	ラ ra 라	リ ri 리	ル ru 루	レ re 레	ロ ro 로
ワ행	ワ wa 와				ヲ wo 오
	ン N 응				

청음

청음이란 「が」, 「ぱ」처럼 문자에 탁점 「゛」이나 반탁점 「゜」과 같은 기호가 붙지 않는 발음을 말합니다.

あ행

🎧 track 2-003

あ [a] 아

あ	あ	あ			

あい 사랑

い [i] 이

い	い	い			

いえ 집

う [u] 우

う	う	う			

うえ 위

え [e] 에

え	え	え			

え 그림

お [o] 오

お	お	お			

おとこ 남자

ア행

청음

か행

track 2-005

か [ka] 카
かき 감

き [ki] 키
きく 국화

く [ku] 쿠
くま 곰

け [ke] 케
けむり 연기

こ [ko] 코
こえ 목소리

カ행

청음

さ행

track 2-007

さ [sa] 사
さけ 술

し [shi] 시
しか 사슴

す [su] 스
すし 초밥

せ [se] 세
せき 자리

そ [so] 소
そら 하늘

サ행

청음

た행

[ta] 타
たこ 문어

[chi] 치
ちち 아빠, 아버지

[tsu] 츠
つき 달

[te] 테
て 손

[to] 토
とお 열, 십

タ행

청음

な행　　　　　　　　　　　　　　　　　　　　　track 2-011

な [na] 나
なな 일곱, 칠

に [ni] 니
にく 고기

ぬ [nu] 누
ぬいぐるみ 봉제 인형

ね [ne] 네
ねこ 고양이

の [no] 노
のり 김

ナ행

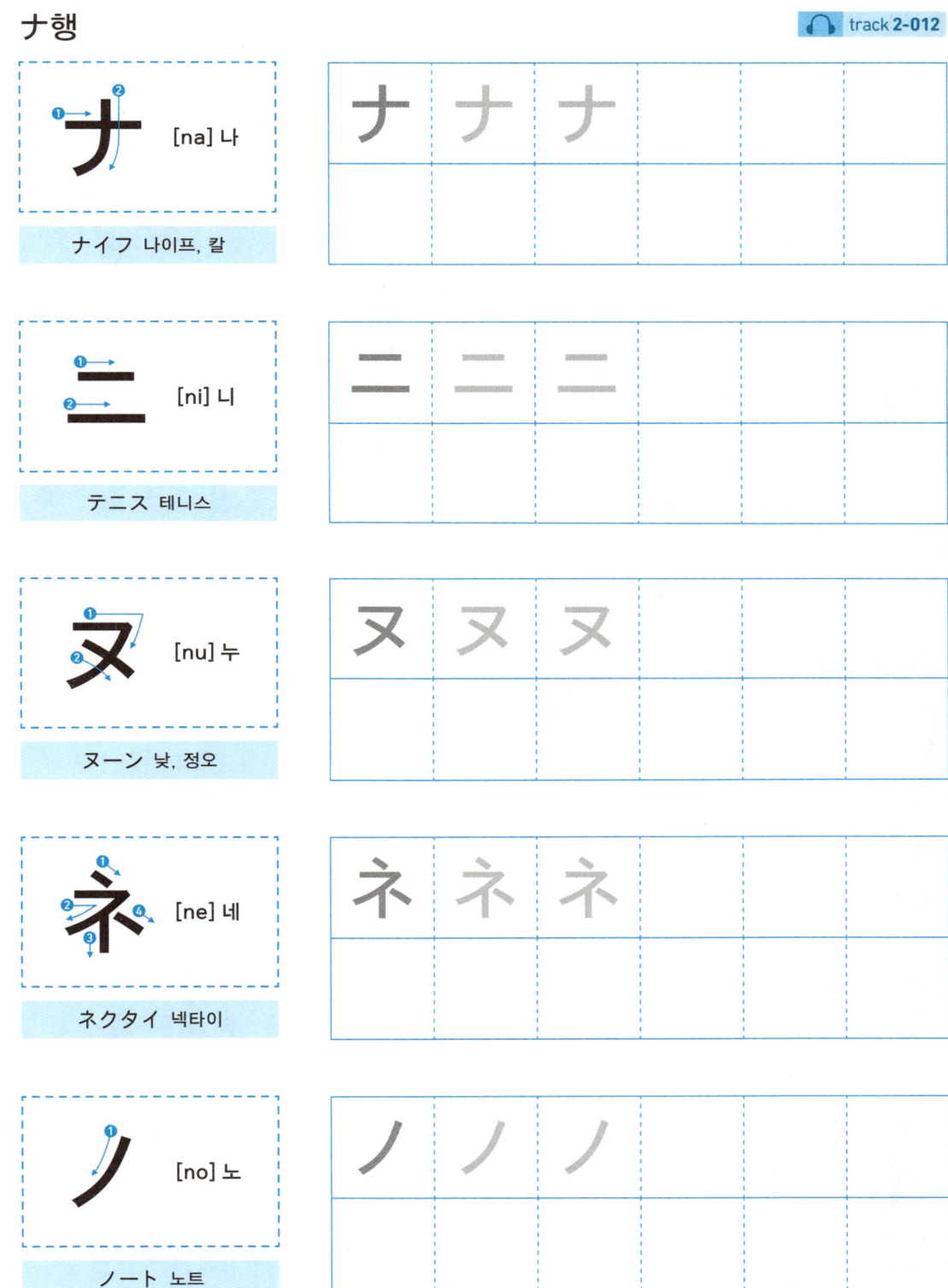

ナ [na] 나
ナイフ 나이프, 칼

ニ [ni] 니
テニス 테니스

ヌ [nu] 누
ヌーン 낮, 정오

ネ [ne] 네
ネクタイ 넥타이

ノ [no] 노
ノート 노트

청음

は행

🎧 track 2-013

は [ha] 하
はは 엄마, 어머니

| は | は | は | | |

ひ [hi] 히
ひと 사람

| ひ | ひ | ひ | | |

ふ [hu] 후
ふね 배

| ふ | ふ | ふ | | |

へ [he] 헤
へそ 배꼽

| へ | へ | へ | | |

ほ [ho] 호
ほし 별

| ほ | ほ | ほ | | |

ハ행

청음

ま행

track 2-015

ま [ma] 마
まえ 앞

み [mi] 미
みせ 가게

む [mu] 무
むし 벌레

め [me] 메
めし 밥, 식사

も [mo] 모
もち 떡

マ행

track 2-016

[ma] 마
マスク 마스크

[mi] 미
ミルク 밀크, 우유

[mu] 무
ムース 무스

[me] 메
メモ 메모

[mo] 모
モスクワ 모스크바

청음

や행

! 모양이 비슷한 히라가나

あ	お	き	さ	ち	た	な	ぬ	め
[a] 아	[o] 오	[ki] 키	[sa] 사	[chi] 치	[ta] 타	[na] 나	[nu] 누	[me] 메

ヤ행

track 2-018

ヤ [ya] 야
イヤホン 이어폰

ユ [yu] 유
ユニホーム 유니폼

ヨ [yo] 요
ヨーヨー 요요

모양이 비슷한 가타카나

ア [a] 아　マ [ma] 마　　ウ [u] 우　ク [ku] 쿠　ワ [wa] 와　　コ [ko] 코　ユ [yu] 유　ヨ [yo] 요　　シ [shi] 시　ツ [tsu] 츠

청음

ら행

track 2-019

ら [ra] 라
らいねん 내년

り [ri] 리
あり 개미

る [ru] 루
はる 봄

れ [re] 레
はれ 맑음

ろ [ro] 로
ろうか 복도

ラ行

ラ [ra] 라 — ラーメン 라면

リ [ri] 리 — イタリア 이탈리아

ル [ru] 루 — ルーム 방

レ [re] 레 — レモン 레몬

ロ [ro] 로 — ロシア 러시아

청음

わ행 및 ん 🎧 track 2-021

わ [wa] 와
わに 악어

わ	わ	わ			

を [o] 오
ほんを よむ 책을 읽다

を	を	を			

ん [N] 응
みかん 귤

ん	ん	ん			

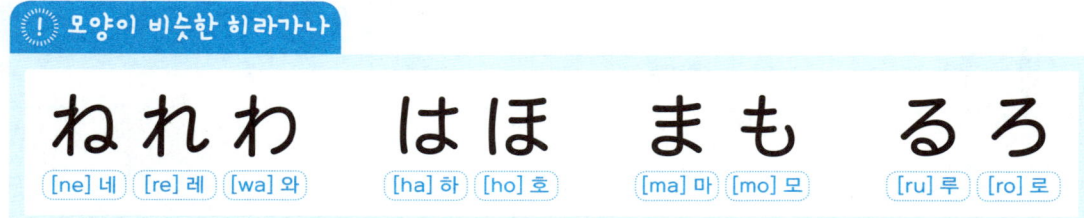

⚠️ 모양이 비슷한 히라가나

ね　れ　わ　　は　ほ　　ま　も　　る　ろ
[ne] 네　[re] 레　[wa] 와　　[ha] 하　[ho] 호　　[ma] 마　[mo] 모　　[ru] 루　[ro] 로

ワ행 및 ン

track 2-022

모양이 비슷한 가타카나

ソン　チテ　ヌメ　フス　ラヲ

[so] 소　[N] 응　[chi] 치　[te] 테　[nu] 누　[me] 메　[hu] 후　[su] 스　[ra] 라　[wo] 오

탁음

청음 중에서 「か행·さ행·た행·は행」 네 개 행의 문자에는 오른쪽 위에 탁점「゛」이 붙어 부드러운 소리를 만듭니다.

が행

track **2-023**

が [ga] 가

がか 화가

ぎ [gi] 기

くぎ 못

ぐ [gu] 구

かぐ 가구

げ [ge] 게

げた 나막신

ご [go] 고

ごご 오후

ガ행

track 2-024

ガ [ga] 가
ガム 껌

ギ [gi] 기
ギフト 선물

グ [gu] 구
グラス 유리컵

ゲ [ge] 게
ゲーム 게임

ゴ [go] 고
ゴルフ 골프

탁음

ざ행

ザ행

track 2-026

ザ [za] 자
ブザー 버저, 경보기

ジ [zi] 지
ジーンズ 청바지

ズ [zu] 즈
ズボン 바지

ゼ [ze] 제
ゼロ 제로, 0

ゾ [zo] 조
ゾーン 구역

탁음

だ행

track 2-027

だ [da] 다
だいがく 대학

ぢ [zi] 지
はなぢ 코피

づ [zu] 즈
こづつみ 소포

で [de] 데
そで 소매

ど [do] 도
かど 모퉁이

ダ행

ダ [da] 다	ダ	ダ	ダ			
ダンス 댄스, 춤						

ヂ [zi] 지	ヂ	ヂ	ヂ			

ヅ [zu] 즈	ヅ	ヅ	ヅ			

デ [de] 데	デ	デ	デ			
デート 데이트						

ド [do] 도	ド	ド	ド			
ドア 문						

탁음

ば행

track 2-029

ば [ba] 바
ばら 장미

び [bi] 비
えび 새우

ぶ [bu] 부
ぶた 돼지

べ [be] 베
なべ 냄비

ぼ [bo] 보
ぼうし 모자

반탁음

히라가나의 청음 중 「は행」의 다섯 글자의 오른쪽 위에 반탁점「 ゜」을 붙여「p」발음을 만듭니다. 우리말 발음 'ㅍ'이나 'ㅃ'에 가까운 소리입니다.

ぱ행

track **2-031**

ぱ [pa] 파
かんぱい 건배

ぴ [pi] 피
えんぴつ 연필

ぷ [pu] 푸
しんぷ 신부

ぺ [pe] 페
もんぺ 일 바지

ぽ [po] 포
さんぽ 산책

パ행

track 2-032

パ [pa] 파	パ	パ	パ			
パリ 파리(지명)						

ピ [pi] 피	ピ	ピ	ピ			
ピンク 핑크						

プ [pu] 푸	プ	プ	プ			
プリン 푸딩						

ペ [pe] 페	ペ	ペ	ペ			
ページ 페이지, 쪽						

ポ [po] 포	ポ	ポ	ポ			
ポスト 우체통						

요음

50음도에서 「い」를 제외한 「い단(き·し·ち·に·ひ·み·り)」에 「や행(や·ゆ·よ)」를 붙이면 새로운 발음이 만들어집니다. 이 때 「や·ゆ·よ」는 글자 크기를 반으로 줄여 앞 글자 오른쪽 옆에 바싹 붙여 씁니다.

 track 2-033

きゃ [kya] 캬	きゅ [kyu] 큐	きょ [kyo] 쿄
ぎゃ [gya] 갸	ぎゅ [gyu] 규	ぎょ [gyo] 교
しゃ [sya] 샤	しゅ [syu] 슈	しょ [syo] 쇼
じゃ [zya] 쟈	じゅ [zyu] 쥬	じょ [zyo] 죠

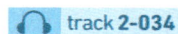

キャ [kya] 캬	キュ [kyu] 큐	キョ [kyo] 쿄
キャ キャ キャ	キュ キュ キュ	キョ キョ キョ

ギャ [gya] 갸	ギュ [gyu] 규	ギョ [gyo] 교
ギャ ギャ ギャ	ギュ ギュ ギュ	ギョ ギョ ギョ

シャ [sya] 샤	シュ [syu] 슈	ショ [syo] 쇼
シャ シャ シャ	シュ シュ シュ	ショ ショ ショ

ジャ [zya] 쟈	ジュ [zyu] 쥬	ジョ [zyo] 죠
ジャ ジャ ジャ	ジュ ジュ ジュ	ジョ ジョ ジョ

요음

 track 2-035

ちゃ [cya] 챠	ちゅ [cyu] 츄	ちょ [cyo] 쵸
にゃ [nya] 냐	にゅ [nyu] 뉴	にょ [nyo] 뇨
ひゃ [hya] 햐	ひゅ [hyu] 휴	ひょ [hyo] 효
びゃ [bya] 뱌	びゅ [byu] 뷰	びょ [byo] 뵤

🎧 track **2-036**

チャ [cya] 챠	チュ [cyu] 츄	チョ [cyo] 쵸
チャ チャ チャ	チュ チュ チュ	チョ チョ チョ

ニャ [nya] 냐	ニュ [nyu] 뉴	ニョ [nyo] 뇨
ニャ ニャ ニャ	ニュ ニュ ニュ	ニョ ニョ ニョ

ヒャ [hya] 햐	ヒュ [hyu] 휴	ヒョ [hyo] 효
ヒャ ヒャ ヒャ	ヒュ ヒュ ヒュ	ヒョ ヒョ ヒョ

ビャ [bya] 뱌	ビュ [byu] 뷰	ビョ [byo] 뵤
ビャ ビャ ビャ	ビュ ビュ ビュ	ビョ ビョ ビョ

요음

🎧 track **2-037**

ぴゃ [pya] 퍄	ぴゅ [pyu] 퓨	ぴょ [pyo] 표
ぴゃ ぴゃ ぴゃ	ぴゅ ぴゅ ぴゅ	ぴょ ぴょ ぴょ

みゃ [mya] 먀	みゅ [myu] 뮤	みょ [myo] 묘
みゃ みゃ みゃ	みゅ みゅ みゅ	みょ みょ みょ

りゃ [rya] 랴	りゅ [ryu] 류	りょ [ryo] 료
りゃ りゃ りゃ	りゅ りゅ りゅ	りょ りょ りょ

ピャ [pya] 퍄	ピュ [pyu] 퓨	ピョ [pyo] 표
ピャ ピャ ピャ	ピュ ピュ ピュ	ピョ ピョ ピョ

ミャ [mya] 먀	ミュ [myu] 뮤	ミョ [myo] 묘
ミャ ミャ ミャ	ミュ ミュ ミュ	ミョ ミョ ミョ

リャ [rya] 랴	リュ [ryu] 류	リョ [ryo] 료
リャ リャ リャ	リュ リュ リュ	リョ リョ リョ

오십음도 완성하기　　　　　　　　　　　　히라가나

음성을 들으면서 아래의 오십음도 표를 완성해 보세요.　track 2-001

	あ단	い단	う단	え단	お단
あ행	a 아	i 이	u 우	e 에	o 오
か행	ka 카	ki 키	ku 쿠	ke 케	ko 코
さ행	sa 사	shi 시	su 스	se 세	so 소
た행	ta 타	chi 치	tsu 츠	te 테	to 토
な행	na 나	ni 니	nu 누	ne 네	no 노
は행	ha 하	hi 히	hu 후	he 헤	ho 호
ま행	ma 마	mi 미	mu 무	me 메	mo 모
や행	ya 야		yu 유		yo 요
ら행	ra 라	ri 리	ru 루	re 레	ro 로
わ행	wa 와				wo 오
	N 응				

가타카나

track **2-002**

	ア단	イ단	ウ단	エ단	オ단
ア행	a 아	i 이	u 우	e 에	o 오
カ행	ka 카	ki 키	ku 쿠	ke 케	ko 코
サ행	sa 사	shi 시	su 스	se 세	so 소
タ행	ta 타	chi 치	tsu 츠	te 테	to 토
ナ행	na 나	ni 니	nu 누	ne 네	no 노
ハ행	ha 하	hi 히	hu 후	he 헤	ho 호
マ행	ma 마	mi 미	mu 무	me 메	mo 모
ヤ행	ya 야		yu 유		yo 요
ラ행	ra 라	ri 리	ru 루	re 레	ro 로
ワ행	wa 와				wo 오
	N 응				

01 わたしは がくせいです。

漢字	読み方	意味	練習
私 (わたし)	나, 저	私	
学生 (がくせい)	학생	学生	
先生 (せんせい)	선생님	先生	
会社員 (かいしゃいん)	회사원	会社員	
韓国人 (かんこくじん)	한국인	韓国人	
日本人 (にほんじん)	일본인	日本人	
名前 (なまえ)	이름	名前	
友達 (ともだち)	친구	友達	

02 なんじですか。

🎧 track 2-040

今日 きょう 오늘	今日			
明日 あした 내일	明日			
今 いま 지금	今			
何時 なんじ 몇 시	何時			
何分 なんぷん 몇 분	何分			
何曜日 なんようび 무슨 요일	何曜日			
午前 ごぜん 오전	午前			
午後 ごご 오후	午後			

03 たんじょうびは きのうでした。

track 2-041

単語	書き取り
昨日 (きのう) 어제	昨日
先月 (せんげつ) 지난달	先月
何月 (なんがつ) 몇 월	何月
何日 (なんにち) 며칠	何日
誕生日 (たんじょうび) 생일	誕生日
お正月 (しょうがつ) 정월, 설날	お正月
入学式 (にゅうがくしき) 입학식	入学式
仕事 (しごと) 일	仕事

04 まじめな ひとです。

track 2-042

はな 花 꽃	花
もんだい 問題 문제	問題
へや 部屋 방	部屋
がっこう 学校 학교	学校
かぞく 家族 가족	家族
いもうと 妹 여동생	妹
おとうと 弟 남동생	弟
だれ 誰 누구	誰

05 あの あかい かばん、かわいいですね。

track 2-043

天気 てんき 날씨	天気			
夏 なつ 여름	夏			
冬 ふゆ 겨울	冬			
空 そら 하늘	空			
海 うみ 바다	海			
会社 かいしゃ 회사	会社			
時計 とけい 시계	時計			
円 えん 엔(일본 화폐)	円			

06 海が きれいで、あつい ところです。

🎧 track 2-044

| うんてん
運転
운전 | 運転 | | | |

| うんどう
運動
운동 | 運動 | | | |

| りょこう
旅行
여행 | 旅行 | | | |

| すいえい
水泳
수영 | 水泳 | | | |

| そうじ
掃除
청소 | 掃除 | | | |

| べんきょう
勉強
공부 | 勉強 | | | |

| にほんご
日本語
일본어 | 日本語 | | | |

| くるま
車
자동차 | 車 | | | |

07 とても 楽しかったです。

track 2-045

週末 しゅうまつ 주말	週末
交通 こうつう 교통	交通
食べ物 た もの 음식, 먹을 것	食べ物
映画 えい が 영화	映画
映画館 えい が かん 영화관	映画館
病院 びょういん 병원	病院
銀行 ぎんこう 은행	銀行
公園 こうえん 공원	公園

08 テーブルの 上に あります。

track 2-046

| きょうしつ
教室
교실 | 教室 | | | |

| かいぎしつ
会議室
회의실 | 会議室 | | | |

| さんがい
三階
3층 | 三階 | | | |

| なんがい
何階
몇 층 | 何階 | | | |

| なんにん
何人
몇 명 | 何人 | | | |

| ねこ
猫
고양이 | 猫 | | | |

| つくえ
机
책상 | 机 | | | |

| れいぞうこ
冷蔵庫
냉장고 | 冷蔵庫 | | | |

09 週末は たいてい 何を しますか。

あさ **朝** 아침	朝
よる **夜** 저녁, 밤	夜
まいにち **毎日** 매일	毎日
ときどき **時々** 때때로, 가끔	時々
にっき **日記** 일기	日記
でんわ **電話** 전화	電話
しょうせつ **小説** 소설	小説
ふろ **お風呂** 욕조, 욕실	お風呂

10課で 勉強を しました。

野菜				野菜 야채, 채소
料理				料理 요리 りょうり
服				服 옷 ふく
お酒				お酒 술 おさけ
音楽				音楽 음악 おんがく
図書館				図書館 도서관 としょかん
電車				電車 전철 でんしゃ
地下鉄				地下鉄 지하철 ちかてつ

track 2-048

11 食事に　行きませんか。

🔊 track 2-049

				ご飯
ご飯 밥, 식사

				食事
食事 식사

				昼
昼 낮, 점심

				買い物
買い物 쇼핑, 살 것, 산 물건

				握手
握手 악수

				恋人
恋人 연인, 애인

				新聞
新聞 신문

				会議
会議 회의

52

12日< 漢字練習してください。

바 내 国 이, 지	国			
か お 顔 얼굴	顔			
もし さん 写真 사진	写真			
しゅくだい 宿題 숙제	宿題			
しりょう 資料 자료	資料			
じゅぎょう 授業 수업	授業			
か き 電気 전기	電気			
たまご 卵 달걀, 계란	卵			

track 2-050

13 お休み前に 行った ことが ありますか。

🎧 track 2-051

さいきん 최근, 요즘 最近				最近
けんさい 여행 旅行				旅行
だいがく 대학, 대학교 大学				大学
こうはい 후배 後輩				後輩
ばしょ 장소 場所				場所
しゅっちょう 출장 出張				出張
がいこく 외국 外国				外国
げいのうじん 연예인 芸能人				芸能人

54

カタカナを 使っても いいですか。

でんわ 電話	電話			
じょうず 上手	上手			
ちゃく 分約	分約			
くすり 薬	薬			
ゆにゅう 輸入 品	輸入品			
あじ 味	味			
ざいりょう 材料	材料			
べんとう お弁当	お弁当			

track 2-052

UNIT 13

2 ① 最近
② 大学
③ 後輩
④ デート
⑤ 恋愛
⑥ さいふ
⑦ 場所
⑧ 出張
⑨ 外国語
⑩ 芸能人

3 ① 勉強を した。
② 午後 一時に 来た。
③ 映画を 見た。
④ 窓を 開けた。
⑤ 車を 止めた。
⑥ メールを 送った。
⑦ 出張に 行った。
⑧ 日記を 書いた。
⑨ 家で 休んだ。
⑩ 友だちと 遊んだ。

4 ① 日本人と 話した ことが あります。
② 車を 運転した ことが あります。
③ お酒を 飲んだ ことが あります。
④ すしを 食べた ことが ありますか。

5 ① 服を 買ったり 映画を 見たり します。
② 書いたり 消したり しました。
③ 友だちと 話したり コーヒーを 飲んだり します。
④ ドアを 開けたり 閉めたり しました。

UNIT 14

2 ① お弁当
② サンドイッチ
③ 材料
④ ゆで卵
⑤ しょうゆ
⑥ しばふ
⑦ ワンピース
⑧ スカート
⑨ エプロン
⑩ ネックレス

3 ① 食べても いいです。
② 使っても いいです。
③ 帰っても いいです。
④ 遊びに 行っても いいですか。

4 ① 食べては いけません。
② 写真を とっては いけません。
③ タバコを すっては いけません。
④ しばふに 入っては いけません。

5 ① めがねを かけて います。
② ピアスを して います。
③ スカートを はいて います。
④ セーターを 着て います。

6 ① 早く 行った ほうが いいです。
② ゆっくり 休んだ ほうが いいです。
③ 薬を 飲んだ ほうが いいです。
④ あかい かばんを 買った ほうが いいです。

UNIT 11

2 ① お腹(なか)
　② 食事(しょくじ)
　③ 昼(ひる)
　④ 買い物(かいもの)
　⑤ ドライブ
　⑥ 散歩(さんぽ)
　⑦ 新聞(しんぶん)
　⑧ 恋人(こいびと)
　⑨ 一緒(いっしょ)に
　⑩ いっぱいだ

3 ① お茶(ちゃ)でも 飲(の)みませんか。
　② ごはんでも 食(た)べませんか。
　③ 映画(えいが)でも 見(み)ましょうか。
　④ ちょっと 歩(ある)きましょうか。

4 ① 図書館(としょかん)に 本(ほん)を 借(か)りに 行(い)きませんか。
　② コーヒーを 飲(の)みに 行(い)きましょうか。
　③ 散歩(さんぽ)に 行(い)きませんか。
　④ デパートに 買(か)い物(もの)に 行(い)きましょうか。

5 ① ごはんが 食(た)べたいです。
　② あたたかい お茶(ちゃ)が 飲(の)みたいです。
　③ 新(あたら)しい くつが 買(か)いたいです。
　④ 何(なに)も 食(た)べたく ありません。

6 ① 音楽(おんがく)を 聞(き)きながら 散歩(さんぽ)を します。
　② 新聞(しんぶん)を 読(よ)みながら ごはんを 食(た)べます。
　③ 歩(ある)きながら 話(はな)しました。
　④ 歌(うた)を 歌(うた)いながら お風呂(ふろ)に 入(はい)りました。

UNIT 12

2 ① 宿題(しゅくだい)
　② 電気(でんき)
　③ 資料(しりょう)
　④ 準備(じゅんび)
　⑤ ピアノ
　⑥ メモ
　⑦ スーパー
　⑧ チケット
　⑨ 本当(ほんとう)に
　⑩ いっしょうけんめい

3 ① 宿題(しゅくだい)を して、寝(ね)ます。
　② 映画(えいが)を 見(み)て、デパートに 行(い)きました。
　③ 学校(がっこう)へ 行(い)って、友(とも)だちと 話(はな)しました。
　④ 歯(は)を みがいて、顔(かお)を 洗(あら)いました。
　⑤ チケットを 買(か)って、映画館(えいがかん)に 入(はい)りました。
　⑥ 部屋(へや)に 入(はい)って、電気(でんき)を つけます。
　⑦ さとうを 入(い)れて、コーヒーを 飲(の)みました。
　⑧ 本(ほん)を 読(よ)んで、メモを しました。
　⑨ 泳(およ)いで、ジュースを 飲(の)みました。
　⑩ ドアを 閉(し)めて、出(で)かけました。

4 ① 今(いま)、何(なに)を して いますか。
　② ごはんを 食(た)べて います。
　③ ピアノを ひいて います。
　④ 友(とも)だちを 待(ま)って います。

5 ① 窓(まど)を 閉(し)めて ください。
　② 写真(しゃしん)を とって ください。
　③ チケットを 見(み)せて ください。
　④ いすに 座(すわ)って ください。

UNIT 09

2
① 毎日(まいにち)
② 日記(にっき)
③ 日本小説(にほんしょうせつ)
④ 読む(よ)
⑤ 書く(か)
⑥ 起きる(お)
⑦ 寝る(ね)
⑧ 買う(か)
⑨ 会う(あ)
⑩ 乗る(の)

3
① 何を しますか。
② 勉強を します。
③ いつ きますか。
④ また きます。

4
① ごはんを 食べます。
② 映画を 見ます。
③ 何時に 寝ますか。
④ 電話を かけます。

5
① 友だちを 呼びます。
② 友だちを 待ちます。
③ 友だちに 会います。
④ 友だちと 話します。
⑤ 今 すぐ 行きます。
⑥ コーヒーを 飲みます。
⑦ かばんを 買います。
⑧ バスに 乗ります。
⑨ コートを 脱ぎます。
⑩ お風呂に 入ります。

UNIT 10

2
① けさ
② やさい
③ ハンバーガー
④ お酒(さけ)
⑤ タバコ
⑥ 図書館(としょかん)
⑦ 電車(でんしゃ)
⑧ 地下鉄(ちかてつ)
⑨ 帰る(かえ)
⑩ 終わる(お)

3
① テレビは 見ません。
② ハンバーガーは あまり 食べません。
③ タバコは ぜんぜん すいません。
④ お酒は 飲みませんか。

4
① りょうりを 作りました。
② パソコンを 使いました。
③ シャワーを あびました。
④ そうじを しましたか。

5
① テレビは 見ませんでした。
② ハンバーガーは 食べませんでした。
③ タバコは すいませんでした。
④ お酒は 飲みませんでした。

6
① 家に 帰ります。
② 公園に 行きました。
③ えいがかんで 映画を 見ました。
④ バスで 来ました。

UNIT 07

2 ① ぎんこう
② こうえん
③ びょういん
④ いい/よい
⑤ 多(おお)い
⑥ おもしろい
⑦ 楽(たの)しい
⑧ 大丈夫(だいじょうぶ)だ
⑨ 不便(ふべん)だ
⑩ 有名(ゆうめい)だ

3 ① ひまでした。
② ひまじゃ ありませんでした。
③ 大丈夫(だいじょうぶ)でした。
④ 大丈夫(だいじょうぶ)じゃ ありませんでした。
⑤ 元気(げんき)でした。
⑥ 元気(げんき)じゃ ありませんでした。
⑦ 有名(ゆうめい)でした。
⑧ 有名(ゆうめい)じゃ ありませんでした。
⑨ まじめでした。
⑩ まじめじゃ ありませんでした。

4 ① おいしかったです。
② おいしく ありませんでした。
③ さむかったです。
④ さむく ありませんでした。
⑤ あたたかかったです。
⑥ あたたかく ありませんでした。
⑦ おもしろかったです。
⑧ おもしろく ありませんでした。
⑨ よかったです。
⑩ よく ありませんでした。

UNIT 08

2 ① いくつ
② えんぴつ
③ 何人(なんにん)
④ 何階(なんがい)
⑤ 三階(さんがい)
⑥ ビル
⑦ きょうしつ
⑧ かいぎしつ
⑨ じむしつ
⑩ トイレ

3 ① えんぴつが あります。
② けいたいは ありません。
③ 何(なに)が ありますか。
④ 何(なに)も ありません。

4 ① ねこと 犬(いぬ)が います。
② 学生(がくせい)が いません。
③ だれが いますか。
④ だれも いません。

5 ① つくえの 上(うえ)に えんぴつが あります。
② かばんの 中(なか)に けいたいが ありません。
③ 車(くるま)の よこに 何(なに)が ありますか。
④ ドアの 前(まえ)に かさが 二(ふた)つ あります。
⑤ ソファーの 後(うし)ろに ねこと 犬(いぬ)が います。
⑥ 外(そと)に 学生(がくせい)が いません。
⑦ ビルの 中(なか)に 人(ひと)が 十人(じゅうにん) います。
⑧ 三階(さんがい)に だれも いません。

UNIT 05

2 ① おいしい
② あかい
③ かわいい
④ たかい
⑤ くろい
⑥ あつい
⑦ さむい
⑧ てんき
⑨ いくら
⑩ ～えん(円)

3 ① せが たかいです。
② なつは あついです。
③ そらが あおいです。
④ ラーメンは おいしいですか。

4 ① しおは あまく ありません。
② ハワイは さむく ありません。
③ この キムチは からく ありません。
④ その パソコンは たかく ありません。

5 ① さむい ふゆです。
② ひろい へやです。
③ ふるい けいたいです。
④ おいしい ケーキです。

6 ① いくらですか。
② ごひゃく えんです。
③ さんぜん さんびゃく ドルです。
④ はっぴゃく はちじゅうまん ウォンです。

UNIT 06

2 ① 日本語
② うんどう
③ りょこう
④ うんてん
⑤ 新しい
⑥ やさしい
⑦ 好きだ
⑧ きらいだ
⑨ 上手だ
⑩ 下手だ

3 ① 海が きれいで、あつい ところです。
② まじめで、しんせつな 人です。
③ 山が すてきで、しずかな ところです。
④ 楽で、広い ソファーです。

4 ① さむくて、雪が きれいな ところです。
② 甘くて、おいしい お菓子です。
③ やさしくて、しんせつな 人です。
④ 新しくて、大きい 車です。

5 ① 父は そうじが 好きです。
② 母は りょうりが きらいです。
③ 妹は うんてんが 上手です。
④ 弟は すいえいが 下手です。

6 ① コーヒーと ジュースと どちらが 好きですか。
② ジュースより コーヒーの ほうが 好きです。
③ キムさんと パクさんと どちらが せが 高いですか。
④ パクさんの ほうが キムさんより せが 高いです。

UNIT 03

2 ① きのう
　② ゆうべ
　③ せんしゅう
　④ せんげつ
　⑤ きょねん
　⑥ なんがつ
　⑦ なんにち
　⑧ おしょうがつ
　⑨ たんじょうび
　⑩ かばん

3 ① こどものひは ごがつ いつかです。
　② バレンタインデーは にがつ じゅうよっかです。
　③ おしょうがつは いちがつ ついたちです。
　④ クリスマスは じゅうにがつ にじゅうごにち です。

4 ① きのうは やすみでした。
　② たんじょうびは せんげつでした。
　③ テストは すいようびでしたか。
　④ ゆうべは ゆきでしたか。

5 ① かいぎは ごぜんじゃ ありませんでした。
　② コンサートは ゆうべじゃ ありませんでした。
　③ にゅうがくしきは きのうじゃ ありません でした。
　④ きのうは たんじょうびじゃ ありません でした。

6 ① それは なんですか。
　② これは ぼうしです。
　③ せんせいの かさは どれですか。
　④ せんせいの かさは これです。

UNIT 04

2 ① かぞく
　② いもうと(さん)
　③ おとうと(さん)
　④ だれ
　⑤ へや
　⑥ ひまだ
　⑦ まじめだ
　⑧ たいへんだ
　⑨ きれいだ
　⑩ べんりだ

3 ① きょうは ひまです。
　② パクさんは まじめです。
　③ へやが きれいです。
　④ しごとが たいへんです。

4 ① やまださんは しんせつじゃ ありません。
　② がっこうは しずかじゃ ありません。
　③ かれは げんきじゃ ありません。
　④ もんだいは かんたんじゃ ありません。

5 ① ひまな にちようびです。
　② しずかな ところです。
　③ らくな ソファーです。
　④ かれは まじめな ひとです。

6 ① その ひとは わたしの いもうとです。
　② あの ひとは たなかさんの おねえさんです。
　③ この けいたいは べんりです。
　④ その りょうりは かんたんです。

워크북 정답

UNIT 01

2 ① わたし
② かんこくじん
③ にほんじん
④ がくせい
⑤ せんせい
⑥ かいしゃいん
⑦ ともだち
⑧ ひと
⑨ なまえ
⑩ かのじょ

3 ① わたしは がくせいです。
② かのじょは べんごしです。
③ こちらは たなかさんです。
④ さるは どうぶつです。

4 ① わたしは がくせいじゃ ありません。
② すずきさんは せんせいじゃ ありません。
③ かれは かいしゃいんじゃ ありません。
④ トマトは くだものじゃ ありません。

5 ① あなたは がくせいですか。
② はい、わたしは がくせいです。
③ たなかさんも がくせいですか。
④ いいえ、たなかさんは がくせいじゃ ありません。

6 ① わたしの なまえは イセホです。
② スミスさんは わたしの ともだちです。
③ スミスさんは おとこの ひとです。
④ スミスさんは えいごの せんせいです。

UNIT 02

2 ① きょう
② あした
③ いま
④ いつ
⑤ ごぜん
⑥ ごご
⑦ なんじ
⑧ なんぷん
⑨ かいぎ
⑩ テスト

3 ① コーヒー、さんばい おねがいします。
② おちゃ はっぱい おねがいします。
③ ジュース よんはい おねがいします。
④ ミルク にはい おねがいします。

4 ① いまは ごぜん くじです。
② いまは ごご しちじ ごふんです。
③ いまは ごぜん じゅうじ さんじゅっぷんです。
　 いまは ごぜん じゅうじ さんじっぷんです。
　 いまは ごぜん じゅうじ はんです。
④ いまは ごご よじ よんじゅうごふんです。

5 ① きょうは かようびです。
② あしたは すいようびです。
③ やすみは どようびです。
④ テストは げつようびです。

6 ① かいぎは じゅうじから にじまでです。
② テストは きょうから あしたまでです。
③ やすみは すいようびから きんようびまでです。
④ じゅぎょうは ごぜんから ごごまでです。

워크북 정답

5 ~て いる를 넣어서 다음 문장을 일본어로 써 보세요.

① 안경을 썼습니다.
→ _____

② 귀걸이를 했습니다.
→ _____

③ 치마를 입었습니다.
→ _____

④ 스웨터를 입었습니다.
→ _____

6 ~た ほうが いい를 넣어서 다음 문장을 일본어로 써 보세요.

① 빨리 가는 편이 좋습니다.
→ _____

② 푹 쉬는 편이 좋습니다.
→ _____

③ 약을 먹는 편이 좋습니다.
→ _____

④ 빨간 가방을 사는 편이 좋습니다.
→ _____

3 ~ても いいです를 넣어서 다음 문장을 일본어로 써 보세요.

① 먹어도 됩니다.
→ _____

② 사용해도 됩니다.
→ _____

③ 돌아가도 됩니다.
→ _____

④ 놀러가도 됩니까?
→ _____

4 ~ては いけません을 넣어서 다음 문장을 일본어로 써 보세요.

① 먹으면 안 됩니다.
→ _____

② 사진을 찍으면 안 됩니다.
→ _____

③ 담배를 피우면 안 됩니다.
→ _____

④ 잔디밭에 들어가면 안 됩니다.
→ _____

2 다음 단어를 일본어로 써 보세요.

① 도시락
→ _____

② 샌드위치
→ _____

③ 재료
→ _____

④ 삶은 달걀
→ _____

⑤ 간장
→ _____

⑥ 잔디밭
→ _____

⑦ 원피스
→ _____

⑧ 치마
→ _____

⑨ 앞치마
→ _____

⑩ 목걸이
→ _____

14 ナイフを 使っても いいですか。

1 다음 일본어 단어를 뜻을 생각하면서 따라 써 보세요.

① お弁当 (べんとう) 도시락
→ _____

② サンドイッチ 샌드위치
→ _____

③ 材料 (ざいりょう) 재료
→ _____

④ ゆで卵 (たまご) 삶은 달걀
→ _____

⑤ しょうゆ 간장
→ _____

⑥ しばふ 잔디밭
→ _____

⑦ ワンピース 원피스
→ _____

⑧ スカート 치마
→ _____

⑨ エプロン 앞치마
→ _____

⑩ ネックレス 목걸이
→ _____

4 ~た ことが あります를 넣어서 다음 문장을 일본어로 써 보세요.

① 일본인과 이야기한 적이 있습니다.
→ _____

② 차를 운전한 적이 있습니다.
→ _____

③ 술을 마신 적이 있습니다.
→ _____

④ 초밥을 먹은 적이 있습니까?
→ _____

5 ~たり、~たり します를 넣어서 다음 문장을 일본어로 써 보세요.

① 옷을 사거나 영화를 보거나 합니다.
→ _____

② 썼다 지웠다 했습니다.
→ _____

③ 친구와 이야기하거나 커피를 마시거나 합니다.
→ _____

④ 문을 열었다 닫았다 했습니다.
→ _____

3 **동사의 た형**을 넣어서 다음 문장을 일본어로 써 보세요.

① 공부를 했다.
→ _____

② 오후 1시에 왔다.
→ _____

③ 영화를 봤다.
→ _____

④ 창문을 열었다.
→ _____

⑤ 차를 세웠다.
→ _____

⑥ 메일을 보냈다.
→ _____

⑦ 출장을 갔다.
→ _____

⑧ 일기를 썼다.
→ _____

⑨ 집에서 쉬었다.
→ _____

⑩ 친구와 놀았다.
→ _____

2 다음 단어를 일본어로 써 보세요.

① 최근, 요즘
→ _____

② 대학(교)
→ _____

③ 후배
→ _____

④ 데이트
→ _____

⑤ 연애
→ _____

⑥ 지갑
→ _____

⑦ 장소
→ _____

⑧ 출장
→ _____

⑨ 외국어
→ _____

⑩ 연예인
→ _____

13 お台場に 行った ことが ありますか。

1 다음 일본어 단어를 뜻을 생각하면서 따라 써 보세요.

① 最近 (さいきん) 최근, 요즘
→ _____

② 大学 (だいがく) 대학(교)
→ _____

③ 後輩 (こうはい) 후배
→ _____

④ デート 데이트
→ _____

⑤ 恋愛 (れんあい) 연애
→ _____

⑥ さいふ 지갑
→ _____

⑦ 場所 (ばしょ) 장소
→ _____

⑧ 出張 (しゅっちょう) 출장
→ _____

⑨ 外国語 (がいこくご) 외국어
→ _____

⑩ 芸能人 (げいのうじん) 연예인
→ _____

4 ~て います를 넣어서 다음 문장을 일본어로 써 보세요.

① 지금 무엇을 하고 있습니까?
→ _____

② 밥을 먹고 있습니다.
→ _____

③ 피아노를 치고 있습니다.
→ _____

④ 친구를 기다리고 있습니다.
→ _____

5 ~て ください를 넣어서 다음 문장을 일본어로 써 보세요.

① 창문을 닫아 주세요.
→ _____

② 사진을 찍어 주세요.
→ _____

③ 티켓을 보여 주세요.
→ _____

④ 의자에 앉아 주세요.
→ _____

3 동사의 て형을 넣어서 다음 문장을 일본어로 써 보세요.

① 숙제를 하고 잡니다.
→ _____

② 영화를 보고 백화점에 갔습니다.
→ _____

③ 학교에 가서 친구와 이야기했습니다.
→ _____

④ 이를 닦고 얼굴을 씻었습니다.
→ _____

⑤ 티켓을 사고 영화관에 들어갔습니다.
→ _____

⑥ 방에 들어가서 불을 켭니다.
→ _____

⑦ 설탕을 넣어서 커피를 마셨습니다.
→ _____

⑧ 책을 읽고 메모를 했습니다.
→ _____

⑨ 헤엄을 치고 주스를 마셨습니다.
→ _____

⑩ 문을 닫고 외출했습니다.
→ _____

2 다음 단어를 일본어로 써 보세요.

① 숙제
→ _____

② 전기
→ _____

③ 자료
→ _____

④ 준비
→ _____

⑤ 피아노
→ _____

⑥ 메모
→ _____

⑦ 슈퍼마켓
→ _____

⑧ 티켓
→ _____

⑨ 정말
→ _____

⑩ 열심히
→ _____

12 早く 準備して ください。

1 다음 일본어 단어를 뜻을 생각하면서 따라 써 보세요.

① 宿題 (しゅくだい) 숙제
→ _____

② 電気 (でんき) 전기
→ _____

③ 資料 (しりょう) 자료
→ _____

④ 準備 (じゅんび) 준비
→ _____

⑤ ピアノ 피아노
→ _____

⑥ メモ 메모
→ _____

⑦ スーパー 슈퍼마켓
→ _____

⑧ チケット 티켓
→ _____

⑨ 本当に (ほんとうに) 정말
→ _____

⑩ いっしょうけんめい 열심히
→ _____

5 ~たい를 넣어서 다음 문장을 일본어로 써 보세요.

① 밥을 먹고 싶습니다.
→ _____

② 따뜻한 차를 마시고 싶습니다.
→ _____

③ 새로운 신발을 사고 싶습니다.
→ _____

④ 아무것도 먹고 싶지 않습니다.
→ _____

6 ~ながら를 넣어서 다음 문장을 일본어로 써 보세요.

① 음악을 들으면서 산책을 합니다.
→ _____

② 신문을 보면서 밥을 먹습니다.
→ _____

③ 걸으면서 이야기했습니다.
→ _____

④ 노래를 부르면서 목욕을 했습니다.
→ _____

3 ～ませんか / ～ましょうか를 넣어서 다음 문장을 일본어로 써 보세요.

① 차라도 마시지 않을래요?
→ _____

② 밥이라도 먹지 않을래요?
→ _____

③ 영화라도 볼까요?
→ _____

④ 잠깐 걸을까요?
→ _____

4 ～に 行く를 넣어서 다음 문장을 일본어로 써 보세요.

① 도서관에 책을 빌리러 가지 않을래요?
→ _____

② 커피를 마시러 갈까요?
→ _____

③ 산책하러 가지 않을래요?
→ _____

④ 백화점에 쇼핑하러 갈까요?
→ _____

2 다음 단어를 일본어로 써 보세요.

① 배(신체)
→ _____

② 식사
→ _____

③ 낮, 점심
→ _____

④ 장 보기, 쇼핑
→ _____

⑤ 드라이브
→ _____

⑥ 산책
→ _____

⑦ 신문
→ _____

⑧ 연인, 애인
→ _____

⑨ 함께
→ _____

⑩ 가득이다
→ _____

11 食事に 行きませんか。

1 다음 일본어 단어를 뜻을 생각하면서 따라 써 보세요.

① お腹(なか) 배(신체)
→ _____

② 食事(しょくじ) 식사
→ _____

③ 昼(ひる) 낮, 점심
→ _____

④ 買(か)い物(もの) 장 보기, 쇼핑
→ _____

⑤ ドライブ 드라이브
→ _____

⑥ 散歩(さんぽ) 산책
→ _____

⑦ 新聞(しんぶん) 신문
→ _____

⑧ 恋人(こいびと) 연인, 애인
→ _____

⑨ 一緒(いっしょ)に 함께
→ _____

⑩ いっぱいだ 가득이다
→ _____

5 **동사의 과거부정형**을 넣어서 다음 문장을 일본어로 써 보세요.

① 텔레비전은 보지 않았습니다.
→ _____

② 햄버거는 먹지 않았습니다.
→ _____

③ 담배는 피우지 않았습니다.
→ _____

④ 술은 마시지 않았습니다.
→ _____

6 **조사 「に」와 「で」**를 넣어서 다음 문장을 일본어로 써 보세요.

① 집에 돌아갑니다.
→ _____

② 공원에 갔습니다.
→ _____

③ 영화관에서 영화를 봤습니다.
→ _____

④ 버스로 왔습니다.
→ _____

3 **동사의 부정형**을 넣어서 다음 문장을 일본어로 써 보세요.

① 텔레비전은 보지 않습니다.
→ _____

② 햄버거는 그다지 먹지 않습니다.
→ _____

③ 담배는 전혀 피우지 않습니다.
→ _____

④ 술은 마시지 않나요?
→ _____

4 **동사의 과거형**을 넣어서 다음 문장을 일본어로 써 보세요.

① 요리를 만들었습니다.
→ _____

② 컴퓨터를 사용했습니다.
→ _____

③ 샤워를 했습니다.
→ _____

④ 청소를 했나요?
→ _____

2 다음 단어를 일본어로 써 보세요.

① 오늘 아침
→ _____

② 야채, 채소
→ _____

③ 햄버거
→ _____

④ 술
→ _____

⑤ 담배
→ _____

⑥ 도서관
→ _____

⑦ 전철
→ _____

⑧ 지하철
→ _____

⑨ 돌아가다
→ _____

⑩ 끝나다
→ _____

10 家で 勉強を しました。

1 다음 일본어 단어를 뜻을 생각하면서 따라 써 보세요.

① **けさ** 오늘 아침
→ _____

② **やさい** 야채, 채소
→ _____

③ **ハンバーガー** 햄버거
→ _____

④ **お酒** 술
→ _____

⑤ **タバコ** 담배
→ _____

⑥ **図書館** 도서관
→ _____

⑦ **電車** 전철
→ _____

⑧ **地下鉄** 지하철
→ _____

⑨ **帰る** 돌아가다
→ _____

⑩ **終わる** 끝나다
→ _____

5 **1그룹 동사의 ます형**을 넣어서 다음 문장을 일본어로 써 보세요.

① 친구를 부릅니다.
→ _____

② 친구를 기다립니다.
→ _____

③ 친구를 만납니다.
→ _____

④ 친구와 이야기합니다.
→ _____

⑤ 지금 바로 가겠습니다.
→ _____

⑥ 커피를 마십니다.
→ _____

⑦ 가방을 삽니다.
→ _____

⑧ 버스를 탑니다.
→ _____

⑨ 코트를 벗습니다.
→ _____

⑩ 목욕을 합니다.
→ _____

3 **3그룹 동사의 ます형**을 넣어서 다음 문장을 일본어로 써 보세요.

① 무엇을 합니까?
→ _____

② 공부를 합니다.
→ _____

③ 언제 옵니까?
→ _____

④ 또 오겠습니다.
→ _____

4 **2그룹 동사의 ます형**을 넣어서 다음 문장을 일본어로 써 보세요.

① 밥을 먹습니다.
→ _____

② 영화를 봅니다.
→ _____

③ 몇 시에 잡니까?
→ _____

④ 전화를 걸겠습니다.
→ _____

2 다음 단어를 일본어로 써 보세요.

① 매일
→ _____

② 일기
→ _____

③ 일본소설
→ _____

④ 읽다
→ _____

⑤ 쓰다
→ _____

⑥ 일어나다
→ _____

⑦ 자다
→ _____

⑧ 사다, 구입하다
→ _____

⑨ 만나다
→ _____

⑩ 타다
→ _____

09 週末は たいてい 何を しますか。

1 다음 일본어 단어를 뜻을 생각하면서 따라 써 보세요.

① 毎日(まいにち) 매일
→ _____

② 日記(にっき) 일기
→ _____

③ 日本小説(にほんしょうせつ) 일본소설
→ _____

④ 読む(よむ) 읽다
→ _____

⑤ 書く(かく) 쓰다
→ _____

⑥ 起きる(おきる) 일어나다
→ _____

⑦ 寝る(ねる) 자다
→ _____

⑧ 買う(かう) 사다, 구입하다
→ _____

⑨ 会う(あう) 만나다
→ _____

⑩ 乗る(のる) 타다
→ _____

5 위치를 나타내는 단어와 조수사를 넣어서 다음 문장을 일본어로 써 보세요.

① 책상 위에 연필이 있습니다.
→ _____

② 가방 안에 휴대전화가 없습니다.
→ _____

③ 자동차 옆에 무엇이 있습니까?
→ _____

④ 문 앞에 우산이 두 개 있습니다.
→ _____

⑤ 소파 뒤에 고양이와 개가 있습니다.
→ _____

⑥ 밖에 학생이 없습니다.
→ _____

⑦ 건물 안에 사람이 10명 있습니다.
→ _____

⑧ 3층에 아무도 없습니다.
→ _____

3 **あります / ありません**을 넣어서 다음 문장을 일본어로 써 보세요.

① 연필이 있습니다.
→ _____

② 휴대전화는 없습니다.
→ _____

③ 무엇이 있습니까?
→ _____

④ 아무것도 없습니다.
→ _____

4 **います / いません**을 넣어서 다음 문장을 일본어로 써 보세요.

① 고양이와 개가 있습니다.
→ _____

② 학생이 없습니다.
→ _____

③ 누가 있나요?
→ _____

④ 아무도 없습니다.
→ _____

2 다음 단어를 일본어로 써 보세요.

① 몇 개
→ _____

② 연필
→ _____

③ 몇 명
→ _____

④ 몇 층
→ _____

⑤ 3층
→ _____

⑥ 빌딩, 건물
→ _____

⑦ 교실
→ _____

⑧ 회의실
→ _____

⑨ 사무실
→ _____

⑩ 화장실
→ _____

08 テーブルの 上に あります。

1 다음 일본어 단어를 뜻을 생각하면서 따라 써 보세요.

① **いくつ** 몇 개
→ _____

② **えんぴつ** 연필
→ _____

③ **何人**(なんにん) 몇 명
→ _____

④ **何階**(なんがい) 몇 층
→ _____

⑤ **三階**(さんがい) 3층
→ _____

⑥ **ビル** 빌딩, 건물
→ _____

⑦ **きょうしつ** 교실
→ _____

⑧ **かいぎしつ** 회의실
→ _____

⑨ **じむしつ** 사무실
→ _____

⑩ **トイレ** 화장실
→ _____

4 **い형용사의 과거형**을 넣어서 다음 문장을 일본어로 써 보세요.

① 맛있었습니다.
→ _____

② 맛있지 않았습니다.
→ _____

③ 추웠습니다.
→ _____

④ 춥지 않았습니다.
→ _____

⑤ 따뜻했습니다.
→ _____

⑥ 따뜻하지 않았습니다.
→ _____

⑦ 재미있었습니다.
→ _____

⑧ 재미있지 않았습니다.
→ _____

⑨ 좋았습니다.
→ _____

⑩ 좋지 않았습니다.
→ _____

3 **な형용사의 과거형**을 넣어서 다음 문장을 일본어로 써 보세요.

① 한가했습니다.
→ _____

② 한가하지 않았습니다.
→ _____

③ 괜찮았습니다.
→ _____

④ 괜찮지 않았습니다.
→ _____

⑤ 건강했습니다.
→ _____

⑥ 건강하지 않았습니다.
→ _____

⑦ 유명했습니다.
→ _____

⑧ 유명하지 않았습니다.
→ _____

⑨ 성실했습니다.
→ _____

⑩ 성실하지 않았습니다.
→ _____

2 다음 단어를 일본어로 써 보세요.

① 은행
→ _____

② 공원
→ _____

③ 병원
→ _____

④ 좋다
→ _____

⑤ 많다
→ _____

⑥ 재미있다
→ _____

⑦ 즐겁다
→ _____

⑧ 괜찮다
→ _____

⑨ 불편하다
→ _____

⑩ 유명하다
→ _____

07 とても 楽しかったです。

1 다음 일본어 단어를 뜻을 생각하면서 따라 써 보세요.

① **ぎんこう** 은행
→ _____

② **こうえん** 공원
→ _____

③ **びょういん** 병원
→ _____

④ **いい / よい** 좋다
→ _____

⑤ **多い** 많다
→ _____

⑥ **おもしろい** 재미있다
→ _____

⑦ **楽しい** 즐겁다
→ _____

⑧ **大丈夫だ** 괜찮다
→ _____

⑨ **不便だ** 불편하다
→ _____

⑩ **有名だ** 유명하다
→ _____

5 ~が ~です를 넣어서 다음 문장을 일본어로 써 보세요.

① 아빠는 청소를 좋아합니다.
→ _____

② 엄마는 요리를 싫어합니다.
→ _____

③ 여동생은 운전을 잘합니다.
→ _____

④ 남동생은 수영을 잘 못합니다.
→ _____

6 두 가지 대상을 비교해 다음 문장을 일본어로 써 보세요.

① 커피와 주스 중 어느 쪽을 좋아합니까?
→ _____

② 주스보다 커피 쪽을 좋아합니다.
→ _____

③ 김 씨와 박 씨 중 어느 쪽이 키가 큽니까?
→ _____

④ 박 씨 쪽이 김 씨보다 키가 큽니다.
→ _____

3 **な형용사의 연결형**을 넣어서 다음 문장을 일본어로 써 보세요.

① 바다가 예쁘고, 더운 곳입니다.
→ _____

② 성실하고 친절한 사람입니다.
→ _____

③ 산이 멋지고 조용한 곳입니다.
→ _____

④ 편하고 넓은 소파입니다.
→ _____

4 **い형용사의 연결형**을 넣어서 다음 문장을 일본어로 써 보세요.

① 춥고, 눈이 예쁜 곳입니다.
→ _____

② 달고 맛있는 과자입니다.
→ _____

③ 상냥하고 친절한 사람입니다.
→ _____

④ 새것이고 큰 자동차입니다.
→ _____

2 다음 단어를 일본어로 써 보세요.

① 일본어
→ _____

② 운동
→ _____

③ 여행
→ _____

④ 운전
→ _____

⑤ 새롭다
→ _____

⑥ 다정하다, 상냥하다
→ _____

⑦ 좋아하다
→ _____

⑧ 싫다, 싫어하다
→ _____

⑨ 잘하다, 능숙하다
→ _____

⑩ 잘 못하다, 서툴다
→ _____

06 海が きれいで、あつい ところです。

1 다음 일본어 단어를 뜻을 생각하면서 따라 써 보세요.

① 日本語 일본어
→ _____

② うんどう 운동
→ _____

③ りょこう 여행
→ _____

④ うんてん 운전
→ _____

⑤ 新しい 새롭다
→ _____

⑥ やさしい 다정하다, 상냥하다
→ _____

⑦ 好きだ 좋아하다
→ _____

⑧ きらいだ 싫다, 싫어하다
→ _____

⑨ 上手だ 잘하다, 능숙하다
→ _____

⑩ 下手だ 잘 못하다, 서툴다
→ _____

5 **い형용사의 명사 수식형**을 넣어서 다음 문장을 일본어로 써 보세요.

① 추운 겨울입니다.
→ _____

② 넓은 방입니다.
→ _____

③ 낡은 휴대전화입니다.
→ _____

④ 맛있는 케이크입니다.
→ _____

6 **가격**을 넣어서 다음 문장을 일본어로 써 보세요.

① 얼마입니까?
→ _____

② 500엔입니다.
→ _____

③ 3300달러입니다.
→ _____

④ 880만원입니다.
→ _____

3 **い형용사의 정중형**을 넣어서 다음 문장을 일본어로 써 보세요.

① 키가 큽니다.
→ _____

② 여름은 덥습니다.
→ _____

③ 하늘이 파랗습니다.
→ _____

④ 라면은 맛있습니까?
→ _____

4 **い형용사의 부정형**을 넣어서 다음 문장을 일본어로 써 보세요.

① 소금은 달지 않습니다.
→ _____

② 하와이는 춥지 않습니다.
→ _____

③ 이 김치는 맵지 않습니다.
→ _____

④ 그 컴퓨터는 비싸지 않습니다.
→ _____

2 다음 단어를 일본어로 써 보세요.

① 맛있다
→ _____

② 빨갛다
→ _____

③ 귀엽다, 예쁘다
→ _____

④ 높다, 비싸다
→ _____

⑤ 검다
→ _____

⑥ 뜨겁다, 덥다
→ _____

⑦ 춥다
→ _____

⑧ 날씨
→ _____

⑨ 얼마
→ _____

⑩ ~엔(일본 화폐)
→ _____

05 あの あかい かばん、かわいいですね。

1 다음 일본어 단어를 뜻을 생각하면서 따라 써 보세요.

① **おいしい** 맛있다
→ _____

② **あかい** 빨갛다
→ _____

③ **かわいい** 귀엽다, 예쁘다
→ _____

④ **たかい** 높다, 비싸다
→ _____

⑤ **くろい** 검다
→ _____

⑥ **あつい** 뜨겁다, 덥다
→ _____

⑦ **さむい** 춥다
→ _____

⑧ **てんき** 날씨
→ _____

⑨ **いくら** 얼마
→ _____

⑩ **～えん(円)** ～엔(일본 화폐)
→ _____

5 **な형용사의 명사 수식형**을 넣어서 다음 문장을 일본어로 써 보세요.

① 한가한 일요일입니다.
→ _____

② 조용한 곳입니다.
→ _____

③ 편한 소파입니다.
→ _____

④ 그는 성실한 사람입니다.
→ _____

6 **この / その / あの / どの**를 넣어서 다음 문장을 일본어로 써 보세요.

① 그 사람은 나의 여동생입니다.
→ _____

② 저 사람은 다나카 씨의 언니/누나입니다.
→ _____

③ 이 휴대전화는 편리합니다.
→ _____

④ 그 요리는 간단합니다.
→ _____

3 **な형용사의 정중형**을 넣어서 다음 문장을 일본어로 써 보세요.

① 오늘은 한가합니다.
→ _____

② 박 씨는 성실합니다.
→ _____

③ 방이 깨끗합니다.
→ _____

④ 일이 힘듭니다.
→ _____

4 **な형용사의 부정형**을 넣어서 다음 문장을 일본어로 써 보세요.

① 야마다 씨는 친절하지 않습니다.
→ _____

② 학교는 조용하지 않습니다.
→ _____

③ 그는 활달하지 않습니다.
→ _____

④ 문제는 간단하지 않습니다.
→ _____

2 다음 단어를 일본어로 써 보세요.

① 가족
→ _____

② 여동생(분)
→ _____

③ 남동생(분)
→ _____

④ 누구
→ _____

⑤ 방
→ _____

⑥ 한가하다
→ _____

⑦ 성실하다
→ _____

⑧ 힘들다, 큰일이다
→ _____

⑨ 예쁘다, 깨끗하다
→ _____

⑩ 편리하다
→ _____

04 まじめな ひとです。

1 다음 일본어 단어를 뜻을 생각하면서 따라 써 보세요.

① **かぞく** 가족
→ _____

② **いもうと(さん)** 여동생(분)
→ _____

③ **おとうと(さん)** 남동생(분)
→ _____

④ **だれ** 누구
→ _____

⑤ **へや** 방
→ _____

⑥ **ひまだ** 한가하다
→ _____

⑦ **まじめだ** 성실하다
→ _____

⑧ **たいへんだ** 힘들다, 큰일이다
→ _____

⑨ **きれいだ** 예쁘다, 깨끗하다
→ _____

⑩ **べんりだ** 편리하다
→ _____

5 ~じゃ ありませんでした를 넣어서 다음 문장을 일본어로 써 보세요.

① 회의는 오전이 아니었습니다.
→ _____

② 콘서트는 어제 저녁이 아니었습니다.
→ _____

③ 입학식은 어제가 아니었습니다.
→ _____

④ 어제는 생일이 아니었습니다.
→ _____

6 これ / それ / あれ / どれ를 넣어서 다음 문장을 일본어로 써 보세요.

① 그것은 무엇입니까?
→ _____

② 이것은 모자입니다.
→ _____

③ 선생님의 우산은 어느 것입니까?
→ _____

④ 선생님의 우산은 이것입니다.
→ _____

3 ~がつ ~にち를 넣어서 다음 문장을 일본어로 써 보세요.

① 어린이날은 5월 5일입니다.
→ _____

② 밸런타인데이는 2월 14일입니다.
→ _____

③ 설날은 1월 1일입니다.
→ _____

④ 크리스마스는 12월 25일입니다.
→ _____

4 ~でした / ~でしたか를 넣어서 다음 문장을 일본어로 써 보세요.

① 어제는 휴일이었습니다.
→ _____

② 생일은 지난달이었습니다.
→ _____

③ 시험은 수요일이었습니까?
→ _____

④ 어젯밤은 눈이 내렸습니까?
→ _____

2 다음 단어를 일본어로 써 보세요.

① 어제
→ _____

② 어젯밤
→ _____

③ 지난주
→ _____

④ 지난달
→ _____

⑤ 작년
→ _____

⑥ 몇 월
→ _____

⑦ 며칠
→ _____

⑧ 정월, 설날
→ _____

⑨ 생일
→ _____

⑩ 가방
→ _____

03 たんじょうびは きのうでした。

1 다음 일본어 단어를 뜻을 생각하면서 따라 써 보세요.

① **きのう** 어제
→ _____

② **ゆうべ** 어젯밤
→ _____

③ **せんしゅう** 지난주
→ _____

④ **せんげつ** 지난달
→ _____

⑤ **きょねん** 작년
→ _____

⑥ **なんがつ** 몇 월
→ _____

⑦ **なんにち** 며칠
→ _____

⑧ **おしょうがつ** 정월, 설날
→ _____

⑨ **たんじょうび** 생일
→ _____

⑩ **かばん** 가방
→ _____

5 ~ようび를 넣어서 다음 문장을 일본어로 써 보세요.

① 오늘은 화요일입니다.
→ _____

② 내일은 수요일입니다.
→ _____

③ 휴일은 토요일입니다.
→ _____

④ 시험은 월요일입니다.
→ _____

6 ~から ~まで를 넣어서 다음 문장을 일본어로 써 보세요.

① 회의는 10시부터 2시까지입니다.
→ _____

② 시험은 오늘부터 내일까지입니다.
→ _____

③ 휴일은 수요일부터 금요일까지입니다.
→ _____

④ 수업은 오전부터 오후까지입니다.
→ _____

3 ~はい를 넣어서 다음 문장을 일본어로 써 보세요.

① 커피 석 잔 부탁합니다.
→ _____

② 차 여덟 잔 부탁합니다.
→ _____

③ 주스 넉 잔 부탁합니다.
→ _____

④ 우유 두 잔 부탁합니다.
→ _____

4 ~じ ~ふん(ぷん)을 넣어서 다음 문장을 일본어로 써 보세요.

① 지금은 오전 9시입니다.
→ _____

② 지금은 오후 7시 5분입니다.
→ _____

③ 지금은 오전 10시 30분입니다.
→ _____

④ 지금은 오후 4시 45분입니다.
→ _____

2 다음 단어를 일본어로 써 보세요.

① 오늘
→ _____

② 내일
→ _____

③ 지금
→ _____

④ 언제
→ _____

⑤ 오전
→ _____

⑥ 오후
→ _____

⑦ 몇 시
→ _____

⑧ 몇 분
→ _____

⑨ 회의
→ _____

⑩ 테스트, 시험
→ _____

02 なんじですか。

1 다음 일본어 단어를 뜻을 생각하면서 따라 써 보세요.

① **きょう** 오늘
→ _____

② **あした** 내일
→ _____

③ **いま** 지금
→ _____

④ **いつ** 언제
→ _____

⑤ **ごぜん** 오전
→ _____

⑥ **ごご** 오후
→ _____

⑦ **なんじ** 몇 시
→ _____

⑧ **なんぷん** 몇 분
→ _____

⑨ **かいぎ** 회의
→ _____

⑩ **テスト** 테스트, 시험
→ _____

5 ~ですか를 넣어서 다음 문장을 일본어로 써 보세요.

① 당신은 학생입니까?
→ _____

② 네, 나는 학생입니다.
→ _____

③ 다나카 씨도 학생입니까?
→ _____

④ 아니요, 다나카 씨는 학생이 아닙니다.
→ _____

6 ~の를 넣어서 다음 문장을 일본어로 써 보세요.

① 나의 이름은 이세호입니다.
→ _____

② 스미스 씨는 나의 친구입니다.
→ _____

③ 스미스 씨는 남자입니다.
→ _____

④ 스미스 씨는 영어 선생님입니다.
→ _____

3 ~は ~です를 넣어서 다음 문장을 일본어로 써 보세요.

① 나는 학생입니다.
→ _____

② 그녀는 변호사입니다.
→ _____

③ 이분은 다나카 씨입니다.
→ _____

④ 원숭이는 동물입니다.
→ _____

4 ~じゃ ありません을 넣어서 다음 문장을 일본어로 써 보세요.

① 나는 학생이 아닙니다.
→ _____

② 스즈키 씨는 선생님이 아닙니다.
→ _____

③ 그는 회사원이 아닙니다.
→ _____

④ 토마토는 과일이 아닙니다.
→ _____

2 다음 단어를 일본어로 써 보세요.

① 나, 저
→ _____

② 한국인
→ _____

③ 일본인
→ _____

④ 학생
→ _____

⑤ 선생님
→ _____

⑥ 회사원
→ _____

⑦ 친구
→ _____

⑧ 사람
→ _____

⑨ 이름
→ _____

⑩ 그녀, 여자친구
→ _____

01 わたしは がくせいです。

1 다음 일본어 단어를 뜻을 생각하면서 따라 써 보세요.

① わたし 나, 저
→

② かんこくじん 한국인
→

③ にほんじん 일본인
→

④ がくせい 학생
→

⑤ せんせい 선생님
→

⑥ かいしゃいん 회사원
→

⑦ ともだち 친구
→

⑧ ひと 사람
→

⑨ なまえ 이름
→

⑩ かのじょ 그녀, 여자친구
→

힘내라! 독학 일본어 첫걸음

유세미 지음

워크북

다락원